江苏省重要矿产资源潜力评价成果系列丛书

是集体劳动的成果！

江苏省重要矿产资源潜力评价成果系列丛书

是集体智慧的结晶！

谨以此书献给

长期耕耘在江苏地质勘查、科学研究及

教育岗位上的广大地质工作者！

中国地质调查成果 CGS 2017-014
江苏省重要矿产资源潜力评价成果系列丛书
江苏省地质调查研究院

江苏省重要矿产资源综合信息集成

JIANGSUSHENG ZHONGYAO KUANGCHAN ZIYUAN
ZONGHE XINXI JICHENG

朱静苹　尚培颖　等著

内 容 简 介

本书详细叙述了江苏省现有的各类基础地学数据库的概况及本次潜力评价工作中对其进行更新维护情况,利用各类GIS软件支撑江苏省矿产资源潜力评价各专题完成相关专题编图和属性数据库建设具体情况,以及矿产资源潜力评价成果集成数据库建设方法、流程及内容,同时对江苏省矿产资源潜力评价成果应用与服务进行了总结、建议和展望。

图书在版编目(CIP)数据

江苏省重要矿产资源综合信息集成/朱静苹,尚培颖等著.—武汉:中国地质大学出版社,2017.7
(江苏省重要矿产资源潜力评价成果系列丛书)
ISBN 978-7-5625-3985-8

Ⅰ.①江⋯
Ⅱ.①朱⋯②尚⋯
Ⅲ.①矿产资源-资源潜力-资源评价-研究-江苏
Ⅳ.①F426.1

中国版本图书馆CIP数据核字(2017)第103611号

江苏省重要矿产资源综合信息集成		朱静苹　尚培颖　**等著**
责任编辑:段连秀	选题策划:毕克成　刘桂涛　赵颖弘	责任校对:张咏梅

出版发行:中国地质大学出版社(武汉市洪山区鲁磨路388号)　　　　　　　　　　　邮编:430074
电　　话:(027)67883511　　　传　　真:(027)67883580　　　E-mail:cbb@cug.edu.cn
经　　销:全国新华书店　　　　　　　　　　　　　　　　　　　　Http://www.cugp.cug.edu.cn

开本:880毫米×1230毫米　1/16　　　　　　　　　　　　　　字数:310千字　　印张:9.5
版次:2017年7月第1版　　　　　　　　　　　　　　　　　　　印次:2017年7月第1次印刷
印刷:武汉中远印务有限公司　　　　　　　　　　　　　　　　　印数:1—1500册

ISBN 978-7-5625-3985-8　　　　　　　　　　　　　　　　　　　　　　　　　定价:288.00元

如有印装质量问题请与印刷厂联系调换

江苏省重要矿产资源潜力评价领导小组
（第一阶段：2006—2010年）

组　　　长：陶培荣　江苏省国土资源厅党组书记　厅长
副 组 长：刘　聪　江苏省国土资源厅副厅长
　　　　　孙大亮　江苏省地质矿产勘查局副局长
　　　　　潘树仁　江苏煤炭地质局副局长
　　　　　许建荣　江苏省有色金属华东地质勘查局副局长
　　　　　毛凤鸣　中石化江苏石油勘探局副总经理
成　　员：郑锡泉　江苏省国土资源厅勘查处处长
　　　　　向绍荷　江苏省国土资源厅财务处处长
　　　　　崔德庚　江苏省国土资源厅储量处处长
　　　　　钱智敏　江苏省国土资源厅科技处处长
　　　　　李如海　江苏省国土资源厅规划处处长
　　　　　袁晓军　江苏省地质调查研究院院长

项目办公室成员

主　　　任：刘聪
成　　员：郑锡泉　陈火根　刘　勇　刘沈衡　张新华　王传礼　夏　延　陈汉永

江苏省重要矿产资源潜力评价领导小组
（第二阶段：2010—2013年）

组　　　长：夏　鸣　江苏省国土资源厅党组书记　厅长
副 组 长：祖耀升　江苏省国土资源厅副厅长
　　　　　孙大亮　江苏省地质矿产勘查局巡视员
　　　　　潘树仁　江苏煤炭地质局副局长
　　　　　许建荣　江苏省有色金属华东地质勘查局副局长
　　　　　毛凤鸣　中石化江苏石油勘探局副总经理
成　　员：顾迅建　江苏省国土资源厅规划处处长
　　　　　黄克蓉　江苏省国土资源厅勘查处处长
　　　　　王黎明　江苏省国土资源厅资源处处长
　　　　　崔　娟　江苏省国土资源厅科技处处长
　　　　　孙卫东　江苏省国土资源厅财务处处长
　　　　　朱锦旗　江苏省地质调查研究院院长

项目办公室成员

主　　　任：祖耀升
成　　员：黄克蓉　陈火根　吴加和　刘沈衡　张新华　夏　延　邱祖林　郑锡泉

《江苏省重要矿产资源潜力评价成果系列丛书》
编辑委员会

主　　任：袁晓军　朱锦旗

副主任：陈火根　张登明　王传礼

主　　编：黄建平　黄　震

编　　委：（以姓氏笔画为序）

　　　　　王海欧　王丽娟　朱静苹　苏一鸣　杨用彪　来又东

　　　　　肖书明　金永念　贾　根　黄顺生　魏邦顺　魏　芳

《江苏省重要矿产资源综合信息集成》

著　　者：朱静苹　尚培颖　王海欧　黄顺生　苏一鸣　杨用彪

　　　　　狄　群　李晓燕

序

江苏省位于中国东部沿海，长江、淮河下游，是我国重要的金融、航运、贸易、经济、文化、教育中心，在我国的国民经济建设中占有举足轻重的地位。

江苏省被称为"中国地质工作的摇篮"，地质矿产调查工作开展得较早，早在1924年刘季辰、赵汝钧等就对江苏全境进行了区域调查，著有《江苏地质志》。尔后，李毓尧、朱森、李捷、李四光、谢家荣、程裕淇、孙健初、陈恺等老一辈地质学家先后在本区地质矿产各个领域开展了调查，积累了大量资料。新中国成立后为了社会经济建设发展的需要，本区地质工作也迅速开展，地质、冶金、石油、煤炭、建材等系统在本区开展了大量地质普查找矿和勘探工作，先后发现了一批具工业价值的矿产，为本区工业发展提供了矿产资源和能源保障。

随着地方经济建设的高速发展，对矿物原料的需求逐年上升，人均资源占有量严重不足，供需矛盾十分突出。为贯彻落实《国务院关于加强地质工作的决定》中提出的"积极开展矿产远景调查和综合研究，科学评估区域矿产资源潜力，为科学部署矿产资源勘查提供依据"的要求和精神，国土资源部部署了全国矿产资源潜力评价工作，并将该项工作纳入国土资源大调查。

江苏省矿产资源潜力评价由江苏省地质调查研究院组织实施，江苏长江地质勘查院、华东有色地质矿产勘查开发院、江苏省地质矿产调查研究所、江苏省地质资料馆等单位协作。项目总体目标任务是全面开展江苏省矿产资源潜力预测评价，在现有工作程度的基础上基本摸清江苏省矿产资源的"家底"，为矿产资源保障能力和勘查部署决策提供依据。

自2007年6月正式启动以来，项目的各项工作严格按国土资源部、中国地质调查局的技术要求和统一部署进行。根据本区已有地质工作程度、成矿地质背景条件、矿产分布特征，选择煤炭、铁、铜、铅、锌、金、磷、钼、银、硫铁矿、萤石11个矿种开展资源潜力评价工作，累计完成各类图件编制2007张、图件数据库建设1623个，编写图件说明书1623份，编制各类成果报告49份，全面完成了预期的目标任务，取得了丰硕成果。

（1）首次以板块构造理论为基础，编制了江苏省大地构造图，为区域成矿地质作用研究和矿产预测奠定了坚实的地质基础和依据，进一步提高了江苏省区域地质研究程度。

（2）首次系统地利用地质、矿产、物探、化探、遥感、自然重砂等多学科资料，针对铁、铜、金等10个矿种及不同矿床类型，系统地建立了全省35个典型矿床的成矿模式、综合找矿模型和41个预测工作区区域成矿模式及区域找矿模型，丰富和发展了省内区域成矿理论，提升了综合信息矿产预测技术水平。

（3）系统总结了利用重磁组合异常直接判别铁矿异常、金铜多金属矿的控矿要素评价解释方法；利用磁法、化探资料开展了全省铁矿、铜矿的定量预测与研究；利用典型岩石剖面测量成果，采用面积、厚度加权方法获得了全省及三大地质构造单元元素丰度值；采用地质衬值法，编制了全省39个元素地球化学衬值异常图，极大地丰富了金、铜、铅锌、钼等多金属矿找矿信息。

（4）系统地利用地质、物探、化探、遥感、自然重砂等综合信息，全程应用GIS技术进行了全省重要矿产资源潜力评价与预测研究，估算了资源量，圈定了一批重要找矿预测区。

（5）系统对江苏省聚煤规律进行了科学总结，以煤田地质理论为指导，深入开展了全省煤炭资源禀赋规律研究，建立了典型煤田成煤模式；以构造控煤作用研究为核心，揭示不同构造背景煤炭资源的聚集和赋存规律，对指导深部找矿发挥了重要作用。

（6）首次系统建立了江苏省完整的地学数据库，实现了矿产资源潜力预测研究全程信息化、工作手段计算机化，为江苏省矿产资源总体规划和专项规划、找矿突破战略行动以及国土资源"一张图"工程打下了坚实的基础。

江苏省矿产资源潜力评价在基础地质、典型矿床与成矿规律研究、预测方法、数据库建设中取得了一系列创新性成果，总体达到国际先进水平。项目成果是制订江苏省国民经济中长期发展规划，研究制定矿产资源战略，加强宏观调控的重要依据；是科学规划合理部署、努力实现找矿重大新突破、缓解资源瓶颈的基础工作；是发展和推广利用成矿新理论、勘查新技术新方法，促进科研与调查密切结合的重要举措。该项成果的及时转化应用，必将为江苏省社会经济发展、地学研究和地质找矿实现新突破发挥重要作用。

中国工程院院士

2017 年 2 月 20 日

前 言

全国矿产资源潜力评价工作是国土资源部在矿产资源领域部署的一次重要的国情调查,其目的是通过系统总结我国基础地质调查和矿产勘查工作成果资料,全面掌握矿产资源现状,充分应用现代矿产资源预测评价的理论方法和 GIS 评价技术,科学评价未查明矿产资源潜力,建立真实准确的矿产资源数据库,满足矿产资源规划、管理、保护和合理利用的需要,为实现找矿重大新突破提供资源勘查依据。

江苏省及上海市矿产资源潜力评价是全国矿产资源潜力评价的重要组成部分,江苏省及上海市矿产资源潜力评价综合信息集成专题是江苏省及上海市矿产资源潜力评价项目的专题之一。本项目自 2006 年正式启动,至 2013 年底结束。

综合信息集成专题的主要工作内容:全面完成江苏省内各类基础地学数据库更新和维护;严格按照全国矿产资源潜力评价数据模型及专业技术要求,为各专题组潜力评价工作提供 GIS 技术支持,支撑地质背景研究、成矿规律、矿产预测、物化遥自然重砂专题组完成专题成果图件编制及属性数据库、元数据库的建设;完成江苏省及上海市矿产资源潜力评价成果数据库集成建库;为充分应用矿产资源潜力评价成果提供信息专业技术支撑。

本书详细叙述了江苏省各类基础地学数据库的现状及本次工作中的更新和维护状况,利用各类 GIS 软件支撑矿产资源潜力评价各专题组完成相关图件的编制及属性数据库的建设具体情况,以及矿产资源潜力评价成果集成数据库建设方法、流程和具体内容,同时对矿产资源潜力评价的成果应用和服务进行了总结、建议和展望。

综合信息集成专题取得的主要成果包括以下几个方面:

(1) 按相关技术要求,对江苏省地质工作程度数据库、矿产地数据库、自然重砂数据库、1∶20 万数字地质图空间数据库、化探数据库等进行了更新与维护。

(2) 通过支撑江苏省矿产资源潜力评价专题图件及属性库的建设,探索了一套适合本省的专题数据库编图和建库的技术方法及流程,为专题数据库的建设提供了技术支撑。

(3) 支撑成矿地质背景研究、成矿规律、矿产预测、物化遥自然重砂专题组完成了专题成果图件及属性数据库、元数据库建设,形成了大量的地质背景、成矿规律、矿产预测、重力、磁测、遥感、化探及自然重砂成果资料,其中包括文字资料和图件数据库资料,为江苏省矿产资源规划编制、成矿地质条件研究、成矿规律研究等方面的工作奠定了基础。

(4) 完成了江苏省及上海市矿产资源潜力评价成果集成数据库建设。集成的数据库包括省级潜力评价基础编图成果图库、铁矿种(组)潜力评价成果图库、铜矿种(组)潜力评价成果图库、铅矿种(组)潜力评价成果图库、锌矿种(组)潜力评价成果图库、钼矿种(组)潜力评价成果图库、金矿种(组)潜力评价成果图库、银矿种(组)潜力评价成果图库、磷矿种(组)潜力评价成果图库、硫矿种(组)潜力评价成果图库、萤石矿种(组)潜力评价成果图库。

本书共八章,主要由朱静苹、尚培颖编写。其中前言、第一章、第二章、第六章、第七章、第八章由朱静苹编写;第三章、第四章由尚培颖、朱静苹、狄群、李晓燕编写;第五章由朱静苹、王海鸥、黄顺生、苏一鸣、杨用彪编写;全书由朱静苹统稿。马秋斌、聂瑛、朱珠参与了图件的编辑处理及空间数据库的更新维护工作。

综合信息集成专题任务的顺利完成,是项目组全体成员共同努力的结果,工作开展过程中,得到了项目总负责人黄建平、成矿背景专题负责人贾根、成矿规律研究专题负责人黄震、重力专题负责人金永念、磁测专题负责人魏邦顺的技术指导。同时江苏省国土资源厅、南京地质调查中心、全国矿产资源潜力评价综合信息集成项目组等有关部门均在专题的建设过程中给予指导和帮助,在此一并表示感谢。

由于笔者水平有限,书中难免存在不当之处,敬请各位专家、读者批评指正。

著 者

2016 年 12 月

目 录

第一章 概 述 …………………………………………………………………………（1）

第一节 项目概况 ……………………………………………………………………（1）

第二节 专题工作开展情况 …………………………………………………………（1）

第二章 主要研究成果 ………………………………………………………………（3）

一、基础数据库维护成果 ……………………………………………………………（3）

二、专题图库建设成果 ………………………………………………………………（3）

三、成果集成建库成果 ………………………………………………………………（4）

第三章 相关地学数据库现状 ………………………………………………………（15）

第一节 地质工作程度数据库 ………………………………………………………（15）

一、数据库建设基本情况 ……………………………………………………………（15）

二、数据库现状 ………………………………………………………………………（15）

第二节 矿产地数据库 ………………………………………………………………（23）

一、数据库建设基本情况 ……………………………………………………………（23）

二、数据库现状 ………………………………………………………………………（23）

第三节 自然重砂数据库 ……………………………………………………………（27）

一、数据库建设基本情况 ……………………………………………………………（27）

二、数据库现状 ………………………………………………………………………（28）

第四节 1∶20万数字地质图空间数据库 …………………………………………（32）

一、数据库建设基本情况 ……………………………………………………………（32）

二、数据库现状 ………………………………………………………………………（32）

第五节 1∶50万数字地质图空间数据库 …………………………………………（36）

一、数据库建设基本情况 ……………………………………………………………（36）

二、数据库现状 ………………………………………………………………………（36）

第六节 区域重力数据库 ……………………………………………………………（39）

一、数据库建设基本情况 ……………………………………………………………（39）

二、数据库现状 …………………………………………………………………………… (39)

第七节　航磁数据库 …………………………………………………………………………… (41)

　　一、数据库建设基本情况 ………………………………………………………………… (41)

　　二、数据库现状 …………………………………………………………………………… (41)

第八节　遥感影像图数据库 …………………………………………………………………… (43)

　　一、数据库建设基本情况 ………………………………………………………………… (43)

　　二、数据库现状 …………………………………………………………………………… (43)

第九节　区域地球化学数据库 ………………………………………………………………… (45)

　　一、数据库建设基本情况 ………………………………………………………………… (45)

　　二、数据库现状 …………………………………………………………………………… (46)

第十节　1:25万地理地图数据库 ……………………………………………………………… (48)

　　一、数据库建设基本情况 ………………………………………………………………… (48)

　　二、数据库现状 …………………………………………………………………………… (48)

第四章　相关地学数据库更新与维护 …………………………………………………………… (50)

第一节　地质工作程度数据库 ………………………………………………………………… (50)

　　一、工作内容 ……………………………………………………………………………… (50)

　　二、工作方法及流程 ……………………………………………………………………… (50)

　　三、完成情况 ……………………………………………………………………………… (52)

第二节　矿产地数据库 ………………………………………………………………………… (55)

　　一、工作内容 ……………………………………………………………………………… (55)

　　二、工作方法及流程 ……………………………………………………………………… (55)

　　三、完成情况 ……………………………………………………………………………… (56)

第三节　自然重砂数据库 ……………………………………………………………………… (59)

　　一、工作内容 ……………………………………………………………………………… (59)

　　二、工作方法及流程 ……………………………………………………………………… (59)

　　三、完成情况 ……………………………………………………………………………… (61)

第四节　1:20万数字地质图空间数据库 ……………………………………………………… (66)

　　一、工作内容 ……………………………………………………………………………… (66)

　　二、工作方法及流程 ……………………………………………………………………… (66)

　　三、完成情况 ……………………………………………………………………………… (67)

第五节　区域地球化学数据库 ………………………………………………………………… (69)

　　一、工作内容 ……………………………………………………………………………… (69)

　　二、工作方法及流程 ……………………………………………………………………… (69)

　　三、完成情况 ……………………………………………………………………………… (70)

第六节　数据质量综述 …………………………………………………………………… (73)

第五章　矿产资源潜力评价专题编图及属性库建设支撑 …………………………… (74)

第一节　工作内容 ………………………………………………………………………… (74)

一、基础地学数据库支撑情况 ………………………………………………………… (74)

二、相关应用软件支撑情况 …………………………………………………………… (75)

三、数据模型应用支撑情况 …………………………………………………………… (75)

第二节　工作方法和流程 ………………………………………………………………… (75)

第三节　专题属性数据库建设情况 ……………………………………………………… (82)

一、成矿地质背景专题图数据库 ……………………………………………………… (82)

二、成矿规律与矿产预测专题图数据库 ……………………………………………… (87)

三、重力专题图数据库 ………………………………………………………………… (93)

四、磁测专题图数据库 ………………………………………………………………… (95)

五、化探专题图数据库 ………………………………………………………………… (99)

六、遥感专题图数据库 ………………………………………………………………… (101)

七、自然重砂专题图数据库 …………………………………………………………… (104)

八、元数据采集 ………………………………………………………………………… (104)

第四节　数据库质量综述 ………………………………………………………………… (105)

一、数据库质量控制原则 ……………………………………………………………… (105)

二、数据库质量控制要求 ……………………………………………………………… (106)

三、数据库质量综述 …………………………………………………………………… (106)

第六章　矿产资源潜力评价成果集成数据库建设 …………………………………… (108)

第一节　工作内容 ………………………………………………………………………… (108)

第二节　工作流程 ………………………………………………………………………… (108)

第三节　集成环境配置 …………………………………………………………………… (109)

一、软硬件配置 ………………………………………………………………………… (109)

二、系统安装 …………………………………………………………………………… (110)

第四节　资料性成果汇总 ………………………………………………………………… (112)

一、汇总内容 …………………………………………………………………………… (112)

二、汇总要求 …………………………………………………………………………… (112)

第五节　成果集成数据库建设 …………………………………………………………… (114)

一、集成数据库组织模式 ……………………………………………………………… (114)

二、集成数据库系统部署 ……………………………………………………………… (115)

三、成果数据入库 ……………………………………………………………………… (116)

四、集成数据库成果 …………………………………………………………………………… (123)

　　五、集成数据库质量综述 ………………………………………………………………………… (124)

　第六节　集成数据库应用介绍 ……………………………………………………………………… (125)

　　一、功能介绍 ……………………………………………………………………………………… (125)

　　二、实用功能操作 ………………………………………………………………………………… (127)

第七章　矿产资源潜力评价成果应用与服务 …………………………………………… (132)

第八章　结　语 ……………………………………………………………………………… (134)

　第一节　主要工作成果 ……………………………………………………………………………… (134)

　第二节　存在问题、建议与展望 …………………………………………………………………… (137)

　　一、存在问题 ……………………………………………………………………………………… (137)

　　二、建议与展望 …………………………………………………………………………………… (137)

参考文献 ……………………………………………………………………………………… (139)

第一章 概　述

本章主要介绍了江苏省及上海市矿产资源潜力评价项目来源及综合信息专题的目标任务及工作开展情况。

第一节　项目概况

为贯彻落实《国务院关于加强地质工作的决定》中提出的"积极开展矿产远景调查和综合研究,科学评估区域矿产资源潜力,为科学部署矿产资源勘查提供依据"的要求和精神,国土资源部部署了全国矿产资源潜力评价工作,并将该项工作纳入国土资源大调查项目。其目的是通过系统总结地质调查和矿产勘查工作成果,全面掌握矿产资源现状,科学评价未查明矿产资源潜力,建立真实准确的矿产资源潜力评价数据库,为实现找矿重大新突破提供矿产资源勘查依据。

江苏省及上海市矿产资源潜力评价总体目标任务:全面开展江苏省及上海市矿产资源潜力预测评价,在现有工作程度基础上基本摸清江苏省及上海市矿产资源"家底",为矿产资源保障能力和勘查部署决策提供依据。

(1)在现有地质工作基础上,充分利用我国基础地质调查和矿产勘查工作成果和资料,充分应用现代矿产资源预测评价的理论方法和GIS评价技术,开展江苏省及上海市铁、铜、铅锌、金、磷、钼、银、硫、萤石等的矿产资源潜力评价,基本摸清矿产资源潜力及其空间分布。

(2)开展江苏省及上海市成矿地质背景、成矿规律、矿产预测、物化遥自然重砂等各项工作的研究,编制各专题基础图件和成果图件,建立江苏省矿产资源潜力评价相关的地质、矿产、物探、化探、遥感、自然重砂专题图件空间数据库。

(3)培养一批综合型地质矿产和信息化人才。

第二节　专题工作开展情况

江苏省及上海市矿产资源潜力评价综合信息集成专题主要工作任务是:完成江苏省1∶50万数字地质图数据库、1∶20万数字地质图数据库、工作程度数据库、矿产地数据库、区域重力调查数据库、区域地球化学数据库、自然重砂数据库和地理底图数据库的更新和维护;支撑江苏省及上海市矿产资源潜力评价各专题组完成相关图件数据库建设,同时为其他专题组提供GIS技术支持;完成江苏省及上海市矿产资源潜力评价资料性成果汇总和成果数据库集成建库工作。

自2007年6月正式启动以来,本项目各项工作严格按国土资源部、中国地质调查局的统一安排和部署进行,至2013年底,全面完成了预期的目标任务。

江苏省及上海市矿产资源潜力评价工作分3个阶段。

第一阶段(2007—2010年):开展省级铁、铜、铅、锌、金、磷等矿种的资源潜力评价工作。

(1)江苏省基础地学数据库相关资料的收集分析和整理,编写项目设计及年度工作方案。

(2)参加技术培训,为各专题组提供GIS技术支持。

(3)开展相关基础地学数据库的更新与维护。

(4)支撑各专题组完成铁、铜、铅、锌、金、磷等矿产资源潜力评价成果专题图件及属性库的建设。

第二阶段(2011—2012年):开展省级钼、银、硫、萤石等矿种的资源潜力评价工作。

(1)继续开展基础地学数据库的更新与维护。

(2)为相关专题组提供GIS技术支持。

(3)支撑专题组完成钼、银、硫、萤石等矿产资源潜力评价成果专题图件及属性库建设。

第三阶段(2012—2013年):开展专题成果的汇总和集成建库工作。

(1)开展资料性成果的汇总工作。

(2)进行成果数据库集成建库。

(3)成果报告编写。

第二章　主要研究成果

本章主要介绍了江苏省及上海市矿产资源潜力评价综合信息集成专题组提交的主要成果情况。

按全国项目组总体部署及年度任务安排，江苏省及上海市矿产资源潜力评价各项工作顺利进行，全面应用现代矿产资源潜力评价理论方法和 GIS 评价技术，在成矿地质背景、成矿规律、矿产预测、物探、化探、遥感、自然重砂等方面进行了深入的分析、研究和总结，全面掌握了江苏省及上海市矿产资源的现状，科学评价了江苏省及上海市矿产资源的潜力，完成了江苏省及上海市铁、铜、铅锌、金、磷、钼、银、硫、萤石 10 个矿种（组）的资源潜力评价工作，基本摸清了上述矿种的矿产资源潜力及其空间分布。江苏省及上海市矿产资源潜力评价综合信息集成专题组全力配合其他专题组工作需要，进行技术支持及成果图数据库建设支撑，取得了一批重要的成果，主要包括基础地学数据库维护成果、潜力评价各专题成果编图及属性数据库建设成果、综合信息集成数据库成果等。

一、基础数据库维护成果

对江苏省地质工作程度数据库、矿产地数据库、自然重砂数据库、1∶20 万地质图数据库、1∶50 万地质图数据库、区域重力数据库、区域航磁数据库、区域化探数据库、遥感影像数据库、1∶25 万地理底图数据库 10 类基础地学数据库，从数据资源、管理系统、软件功能等 5 类 28 个基本信息进行了系统总结，客观反映了江苏省基础地学数据库建设现状，为江苏省矿产资源潜力评价工作常态化奠定了基础。

在系统总结的基础上，按相关技术要求，对江苏省地质工作程度数据库、矿产地数据库、自然重砂数据库、1∶20 万数字地质图空间数据库、化探数据库进行了更新与维护（表 2-1），为今后的相关工作提供了基础数据。

二、专题图库建设成果

基于 GIS 技术、数据库技术，依据矿产资源潜力评价数据模型及其配套软件（GeoMAG），开展了江苏省及上海市矿产资源潜力评价数据库建设工作，探索了一套适合江苏省的专题数据库编图、建库的技术方法和流程，为专题数据库的建设提供了技术支撑。

支撑成矿地质背景研究、成矿规律研究、矿产预测、物化遥自然重砂专题组完成了专题成果图件及属性数据库、元数据库建设；形成了大量的地质背景，成矿规律及矿产预测，重力、磁测、遥感、化探及自然重砂成果资料，包括文字资料和图件数据库资料，为今后的地质工作奠定了基础；建立了江苏省及上海市矿产资源潜力评价成果图件及属性数据库 1623 个（专题图件属性库及对应的元数据）。数据库分为省级基础编图及属性库和矿种（组）潜力评价成果图件及属性库，其中省级基础编图及属性库 180 个（表 2-2）、铁矿潜力评价成果图件及属性库 323 个（表 2-3）、铜矿潜力评价成果图件及属性库 238 个（表 2-4）、铅锌矿潜力评价成果图件及属性库 217 个（表 2-5）、金矿潜力评价成果图件及属性库 253 个（表 2-6）、磷矿潜力评价成果图件及属性库 50 个（表 2-7）、硫铁矿潜力评价成果图件及属性库 159 个（表 2-8）、钼矿潜力评价成果图件及属性库 88 个（表 2-9）、银矿潜力评价成果图件及属性库 87 个

(表 2-10)、萤石矿潜力评价成果图件及属性库 28 个(表 2-11)。

表 2-1 基础数据库维护成果

名　称	数据库维护数据量	维护后的数据库数据量
地质工作程度数据库	新增区域性基础地质属性 2068 条记录,矿区工作情况 1322 条记录,矿产地图层属性 205 条记录	区域性基础地质属性 3869 条记录,矿区工作情况 3211 条记录,矿产地图层属性 643 条记录
矿产地数据库	新增矿产地 562 处	维护后矿产地 1253 处
1∶20 万数字地质图空间数据库	补充了江苏省 1∶20 万地质图 14 个图幅的柱状图和剖面图,并对其中 8 个套改图幅重新进行了"原汁原味"的建库工作	全省 1∶20 万 14 个图幅的标准建库,并替换为潜力评价统一系统库
自然重砂数据库	新增 35 个 1∶5 万图幅的自然重砂数据,样品基本信息数计 6148 件;样品鉴定结果数计 93 034 个	9 幅 1∶20 万和 35 幅 1∶5 万自然重砂数据库;样品基本信息数计 10 639 件;样品鉴定结果数计 145 683 个
化探数据库	新增江苏省覆盖区 1∶25 万多目标地球化学调查数据,共补充 5762 件表层土壤分析数据,1∶5 万水系沉积物(或土壤)共收集样品 23 485 件,分析数据计 458 673 个。异常查证 1∶1 万～1∶2.5 万土壤地球化学数据库,收集样品 31 096 件,分析数据计 266 492 个。维护时共收集样品 60 343 件,分析数据计 949 883 个	14 个 1∶20 万图幅的化探数据和 49 个 1∶5 万图幅的化探数据;样品数计 62 771 件,分析数据计 1 044 575 个

三、成果集成建库成果

基于省级矿产资源潜力评价资料性成果汇总建库管理系统(GeoPEX),完成了江苏省及上海市矿产资源潜力评价成果集成数据库建设,涵盖了成矿地质背景、成矿规律研究、矿产预测等 9 个专题的基础编图成果和铁、铜等 10 个矿种(组)潜力评价成果,累计图库数 1623 个,实现了江苏省及上海市矿产资源潜力评价数据成果的一体化管理,为江苏省及上海市矿产资源潜力评价数据成果的社会化服务奠定了基础,为政府宏观决策、地质调查规划部署提供了依据,实现了地质成果资料共享。

通过开展江苏省及上海市矿产资源潜力评价数据库建设和汇总集成工作,推广普及了地学信息技术,培养了一批掌握 GIS 技术、地学数据库建设技术的人才。

表 2-2 省级基础编图及属性库成果数量

名称	专业	种类	数据库(个)	说明书(份)	元数据(个)
省级基础	地质背景	分幅实际材料图	5	5	5
		分幅建造构造图	11	11	11
		省级大地构造相图	1	1	1
	重力	省级重力工作程度图	1	1	1
		省级重力推断地质构造图	1	1	1
		省级布格重力异常图	1	1	1
		省级剩余重力异常图	1	1	1
	磁测	省级航磁工作程度图	1	1	1
		省级地磁工作程度图	1	1	1
		省级磁法推断地质构造图	1	1	1
		省级磁异常分布图	1	1	1
		省级航磁 ΔT 等值线平面图	1	1	1
		省级航磁 ΔT 化极等值线平面图	1	1	1
		省级航磁 ΔT 化极垂向一阶导数等值线平面图	1	1	1
		省级磁法推断磁性矿床分布图	1	1	1
	遥感	省级遥感异常组合图	1	1	1
		省级遥感构造解译图	1	1	1
		分幅遥感矿产地质特征解译图	11	11	11
		分幅遥感羟基异常图	11	11	11
		分幅遥感铁染异常图	11	11	11
	化探	省级地球化学组合样点位图	1	1	1
		省级地球化学景观图	1	1	1
		省级地球化学工作程度图	1	1	1
		省级单元素地球化学图	39	39	39
		省级单元素地球化学异常图	39	39	39
		省级地球化学综合异常图	6	6	6
		省级地球化学推断地质构造图	1	1	1
	自然重砂	省级自然重砂异常图	28	28	28
合 计			180	180	180

表 2-3 铁矿潜力评价成果图件及属性库成果数量

矿种	专业	种 类	数据库（个）	说明书（份）	元数据（个）
铁矿	地质背景	预测工作区变质建造构造图	1	1	1
		预测工作区火山岩性岩相构造图	2	2	2
		预测工作区侵入岩浆构造图	9	9	9
	矿产及预测	典型矿床成矿要素图	12	12	12
		典型矿床预测要素图	12	12	12
		预测工作区区域成矿要素图	12	12	12
		预测工作区区域预测要素图	12	12	12
		预测工作区矿产预测类型预测成果图	12	12	12
		省级成果图	5	5	5
	重力	典型矿床布格重力异常图	12	12	12
		典型矿床剩余重力异常图	12	12	12
		预测工作区重力工作程度图	12	12	12
		预测工作区重力推断地质构造图	12	12	12
		预测工作区布格重力异常图	18	18	18
		预测工作区剩余重力异常图	18	18	18
	磁测	预测工作区磁法推断地质构造图	12	12	12
		预测工作区磁异常分布图	12	12	12
		预测工作区磁法推断磁性矿产分布图	12	12	12
		预测工作区航磁 ΔT 等值线平面图	24	24	24
		预测工作区航磁 ΔT 化极等值线平面图	24	24	24
		预测工作区航磁 ΔT 化极垂向一阶导数等值线平面图	24	24	24
		预测工作区地磁等值线平面图	6	6	6
		预测工作区地磁化极等值线平面图	6	6	6
		预测工作区地磁化极垂向一阶导数等值线平面图	6	6	6
	遥感	预测工作区遥感矿产地质特征与近矿找矿标志解译图	12	12	12
		预测工作区遥感羟基异常分布图	12	12	12
		预测工作区遥感铁染异常分布图	12	12	12
合 计			323	323	323

表 2-4 铜矿潜力评价成果图件及属性库成果数量

矿种	专业	种 类	数据库(个)	说明书(份)	元数据(个)
铜矿	地质背景	预测工作区建造构造图	1	1	1
		预测工作区火山岩性岩相构造图	1	1	1
		预测工作区侵入岩浆构造图	3	3	3
	矿产及预测	典型矿床成矿要素图	5	5	5
		典型矿床预测要素图	5	5	5
		预测工作区区域成矿要素图	5	5	5
		预测工作区区域预测要素图	5	5	5
		预测工作区矿产预测类型预测成果图	5	5	5
		省级成果图	5	5	5
	重力	典型矿床布格重力异常图	5	5	5
		典型矿床剩余重力异常图	5	5	5
		预测工作区重力工作程度图	5	5	5
		预测工作区重力推断地质构造图	5	5	5
		预测工作区布格重力异常图	8	8	8
		预测工作区剩余重力异常图	8	8	8
	磁测	预测工作区磁法推断地质构造图	5	5	5
		预测工作区航磁 ΔT 等值线平面图	10	10	10
		预测工作区航磁 ΔT 化极等值线平面图	10	10	10
		预测工作区航磁 ΔT 化极垂向一阶导数等值线平面图	10	10	10
		预测工作区地磁等值线平面图	3	3	3
		预测工作区地磁化极等值线平面图	3	3	3
		预测工作区地磁化极垂向一阶导数等值线平面图	3	3	3
	遥感	典型矿床遥感矿产地质特征与近矿找矿标志解译图	2	2	2
		预测工作区遥感矿产地质特征与近矿找矿标志解译图	3	3	3
		预测工作区遥感羟基异常分布图	3	3	3
		预测工作区遥感铁染异常分布图	3	3	3
	化探	省级铜矿找矿预测图	1	1	1
		预测工作区单元素地球化学图	42	42	42
		预测工作区单元素地球化学异常图	46	46	46
		预测工作区地球化学综合异常图	4	4	4
	自然重砂	预测工作区自然重砂异常图	19	19	19
合 计			238	238	238

表 2-5 铅锌矿潜力评价成果图件及属性库成果数量

矿种	专业	种 类	数据库(个)	说明书(份)	元数据(个)
铅锌矿	地质背景	预测工作区建造构造图	1	1	1
		预测工作区火山岩性岩相构造图	1	1	1
		预测工作区侵入岩浆构造图	2	2	2
	矿产及预测	典型矿床成矿要素图	3	3	3
		典型矿床预测要素图	3	3	3
		预测工作区区域成矿要素图	4	4	4
		预测工作区区域预测要素图	4	4	4
		预测工作区矿产预测类型预测成果图	4	4	4
		省级成果图	5	5	5
	重力	典型矿床布格重力异常图	3	3	3
		典型矿床剩余重力异常图	3	3	3
		预测工作区重力工作程度图	4	4	4
		预测工作区重力推断地质构造图	4	4	4
		预测工作区布格重力异常图	7	7	7
		预测工作区剩余重力异常图	7	7	7
	磁测	预测工作区磁法推断地质构造图	4	4	4
		预测工作区航磁 ΔT 等值线平面图	8	8	8
		预测工作区航磁 ΔT 化极等值线平面图	8	8	8
		预测工作区航磁 ΔT 化极垂向一阶导数等值线平面图	8	8	8
		预测工作区地磁等值线平面图	3	3	3
		预测工作区地磁化极等值线平面图	3	3	3
		预测工作区地磁化极垂向一阶导数等值线平面图	3	3	3
	遥感	典型矿床遥感矿产地质特征与近矿找矿标志解译图	1	1	1
		预测工作区遥感矿产地质特征与近矿找矿标志解译图	3	3	3
		预测工作区遥感羟基异常分布图	3	3	3
		预测工作区遥感铁染异常分布图	3	3	3
	化探	省级铜矿找矿预测图	1	1	1
		预测工作区单元素地球化学图	44	44	44
		预测工作区单元素地球化学异常图	52	52	52
		预测工作区地球化学综合异常图	4	4	4
	自然重砂	预测工作区自然重砂异常图	14	14	14
合 计			217	217	217

表 2-6 金矿潜力评价成果图件及属性库成果数量

矿种	专业	种 类	数据库(个)	说明书(份)	元数据(个)
金矿	地质背景	预测工作区建造构造图	6	6	6
		预测工作区火山岩性岩相构造图	1	1	1
		预测工作区侵入岩浆构造图	1	1	1
	矿产及预测	典型矿床成矿要素图	5	5	5
		典型矿床预测要素图	5	5	5
		预测工作区区域成矿要素图	8	8	8
		预测工作区区域预测要素图	8	8	8
		预测工作区矿产预测类型预测成果图	8	8	8
		省级成果图	5	5	5
	重力	典型矿床布格重力异常图	5	5	5
		典型矿床剩余重力异常图	5	5	5
		预测工作区重力工作程度图	5	5	5
		预测工作区重力推断地质构造图	5	5	5
		预测工作区布格重力异常图	7	7	7
		预测工作区剩余重力异常图	7	7	7
	磁测	预测工作区磁法推断地质构造图	5	5	5
		预测工作区航磁 ΔT 等值线平面图	10	10	10
		预测工作区航磁 ΔT 化极等值线平面图	10	10	10
		预测工作区航磁 ΔT 化极垂向一阶导数等值线平面图	10	10	10
		预测工作区地磁等值线平面图	2	2	2
		预测工作区地磁化极等值线平面图	2	2	2
		预测工作区地磁化极垂向一阶导数等值线平面图	2	2	2
	遥感	典型矿床遥感矿产地质特征与近矿找矿标志解译图	1	1	1
		预测工作区遥感矿产地质特征与近矿找矿标志解译图	5	5	5
	化探	省级铜矿找矿预测图	1	1	1
		预测工作区单元素地球化学图	37	37	37
		预测工作区单元素地球化学异常图	50	50	50
		预测工作区地球化学综合异常图	5	5	5
	自然重砂	预测工作区自然重砂异常图	32	32	32
合 计			253	253	253

表 2-7 磷矿潜力评价成果图件及属性库成果数量

矿种	专业	种 类	数据库(个)	说明书(份)	元数据(个)
磷矿	地质背景	预测工作区变质建造构造图	1	1	1
		预测工作区火山岩性岩相构造图	1	1	1
	矿产及预测	典型矿床成矿要素图	2	2	2
		典型矿床预测要素图	2	2	2
		预测工作区区域成矿要素图	2	2	2
		预测工作区区域预测要素图	2	2	2
		预测工作区矿产预测类型预测成果图	2	2	2
		省级成果图	5	5	5
	重力	典型矿床布格重力异常图	2	2	2
		典型矿床剩余重力异常图	2	2	2
		预测工作区重力工作程度图	2	2	2
		预测工作区重力推断地质构造图	2	2	2
		预测工作区布格重力异常图	3	3	3
		预测工作区剩余重力异常图	3	3	3
	磁测	预测工作区磁法推断地质构造图	2	2	2
		预测工作区航磁 ΔT 等值线平面图	4	4	4
		预测工作区航磁 ΔT 化极等值线平面图	4	4	4
		预测工作区航磁 ΔT 化极垂向一阶导数等值线平面图	4	4	4
		预测工作区地磁等值线平面图	1	1	1
		预测工作区地磁化极等值线平面图	1	1	1
		预测工作区地磁化极垂向一阶导数等值线平面图	1	1	1
	遥感	预测工作区遥感矿产地质特征与近矿找矿标志解译图	2	2	2
合 计			50	50	50

表 2-8 硫铁矿潜力评价成果图件及属性库成果数量

矿种	专业	种　　类	数据库(个)	说明书(份)	元数据(个)
硫铁矿	地质背景	预测工作区火山岩性岩相构造图	2	2	2
		预测工作区侵入岩浆构造图	2	2	2
	矿产及预测	典型矿床成矿要素图	3	3	3
		典型矿床预测要素图	3	3	3
		预测工作区区域成矿要素图	4	4	4
		预测工作区区域预测要素图	4	4	4
		预测工作区矿产预测类型预测成果图	4	4	4
		省级成果图	5	5	5
	重力	典型矿床布格重力异常图	3	3	3
		典型矿床剩余重力异常图	3	3	3
		预测工作区重力工作程度图	4	4	4
		预测工作区重力推断地质构造图	4	4	4
		预测工作区布格重力异常图	8	8	8
		预测工作区剩余重力异常图	8	8	8
	磁测	预测工作区磁法推断地质构造图	4	4	4
		预测工作区航磁 ΔT 等值线平面图	4	4	4
		预测工作区航磁 ΔT 化极等值线平面图	4	4	4
		预测工作区航磁 ΔT 化极垂向一阶导数等值线平面图	4	4	4
		预测工作区地磁等值线平面图	4	4	4
		预测工作区地磁化极等值线平面图	4	4	4
		预测工作区地磁化极垂向一阶导数等值线平面图	4	4	4
	遥感	预测工作区遥感矿产地质特征与近矿找矿标志解译图	4	4	4
	化探	省级铜矿找矿预测图	1	1	1
		预测工作区单元素地球化学图	21	21	21
		预测工作区单元素地球化学异常图	24	24	24
		预测工作区地球化学综合异常图	4	4	4
	自然重砂	预测工作区自然重砂异常图	20	20	20
合　计			159	159	159

表 2-9 钼矿潜力评价成果图件及属性库成果数量

矿种	专业	种　类	数据库(个)	说明书(份)	元数据(个)
钼矿	地质背景	预测工作区侵入岩浆构造图	3	3	3
	矿产及预测	典型矿床成矿要素图	2	2	2
		典型矿床预测要素图	2	2	2
		预测工作区区域成矿要素图	3	3	3
		预测工作区区域预测要素图	3	3	3
		预测工作区矿产预测类型预测成果图	3	3	3
		省级成果图	5	5	5
	重力	典型矿床布格重力异常图	2	2	2
		典型矿床剩余重力异常图	2	2	2
		预测工作区重力工作程度图	2	2	2
		预测工作区重力推断地质构造图	2	2	2
		预测工作区布格重力异常图	3	3	3
		预测工作区剩余重力异常图	3	3	3
	磁测	预测工作区磁法推断地质构造图	2	2	2
		预测工作区航磁 ΔT 等值线平面图	2	2	2
		预测工作区航磁 ΔT 化极等值线平面图	2	2	2
		预测工作区航磁 ΔT 化极垂向一阶导数等值线平面图	2	2	2
		预测工作区地磁等值线平面图	1	1	1
		预测工作区地磁化极等值线平面图	1	1	1
		预测工作区地磁化极垂向一阶导数等值线平面图	1	1	1
	遥感	预测工作区遥感矿产地质特征与近矿找矿标志解译图	3	3	3
		预测工作区遥感羟基异常分布图	3	3	3
		预测工作区遥感铁染异常分布图	3	3	3
	化探	省级铜矿找矿预测图	1	1	1
		预测工作区单元素地球化学图	12	12	12
		预测工作区单元素地球化学异常图	12	12	12
		预测工作区地球化学综合异常图	2	2	2
	自然重砂	预测工作区自然重砂异常图	6	6	6
		合　计	88	88	88

表 2-10 银矿潜力评价成果图件及属性库成果数量

矿种	专业	种 类	数据库(个)	说明书(份)	元数据(个)
银矿	地质背景	预测工作区建造构造图	1	1	1
		预测工作区侵入岩浆构造图	1	1	1
	矿产及预测	典型矿床成矿要素图	2	2	2
		典型矿床预测要素图	2	2	2
		预测工作区区域成矿要素图	2	2	2
		预测工作区区域预测要素图	2	2	2
		预测工作区矿产预测类型预测成果图	2	2	2
		省级成果图	5	5	5
	重力	典型矿床布格重力异常图	2	2	2
		典型矿床剩余重力异常图	2	2	2
		预测工作区重力工作程度图	2	2	2
		预测工作区重力推断地质构造图	2	2	2
		预测工作区布格重力异常图	4	4	4
		预测工作区剩余重力异常图	4	4	4
	磁测	预测工作区磁法推断地质构造图	2	2	2
		预测工作区航磁 ΔT 等值线平面图	2	2	2
		预测工作区航磁 ΔT 化极等值线平面图	2	2	2
		预测工作区航磁 ΔT 化极垂向一阶导数等值线平面图	2	2	2
		预测工作区地磁等值线平面图	2	2	2
		预测工作区地磁化极等值线平面图	2	2	2
		预测工作区地磁化极垂向一阶导数等值线平面图	2	2	2
	遥感	预测工作区遥感矿产地质特征与近矿找矿标志解译图	2	2	2
		预测工作区遥感羟基异常分布图	2	2	2
		预测工作区遥感铁染异常分布图	2	2	2
	化探	省级银矿找矿预测图	1	1	1
		预测工作区单元素地球化学图	13	13	13
		预测工作区单元素地球化学异常图	16	16	16
		预测工作区地球化学综合异常图	2	2	2
	自然重砂	预测工作区自然重砂异常图	2	2	2
合 计			87	87	87

表 2-11 萤石矿潜力评价成果图件及属性库成果数量

矿种	专业	种 类	数据库(个)	说明书(份)	元数据(个)
萤石矿	地质背景	预测工作区侵入岩浆构造图	1	1	1
	矿产及预测	典型矿床成矿要素图	1	1	1
		典型矿床预测要素图	1	1	1
		预测工作区区域成矿要素图	1	1	1
		预测工作区区域预测要素图	1	1	1
		预测工作区矿产预测类型预测成果图	1	1	1
		省级成果图	5	5	5
	重力	典型矿床布格重力异常图	1	1	1
		典型矿床剩余重力异常图	1	1	1
		预测工作区重力工作程度图	1	1	1
		预测工作区重力推断地质构造图	1	1	1
		预测工作区布格重力异常图	2	2	2
		预测工作区剩余重力异常图	2	2	2
	磁测	预测工作区磁法推断地质构造图	1	1	1
		预测工作区航磁 ΔT 等值线平面图	1	1	1
		预测工作区航磁 ΔT 化极等值线平面图	1	1	1
		预测工作区航磁 ΔT 化极垂向一阶导数等值线平面图	1	1	1
		预测工作区地磁等值线平面图	1	1	1
		预测工作区地磁化极等值线平面图	1	1	1
		预测工作区地磁化极垂向一阶导数等值线平面图	1	1	1
	遥感	预测工作区遥感矿产地质特征与近矿找矿标志解译图	1	1	1
	自然重砂	预测工作区自然重砂异常图	1	1	1
合 计			28	28	28

第三章　相关地学数据库现状

本章着重介绍了江苏省及上海市（截至2007年）在本次矿产资源潜力评价工作中将使用到的主要基础地学数据库情况，对各类基础地学数据库的建设情况及现状进行了详细分析。

自1999年"数字国土工程"开展以来，在国土资源部、中国地质调查局的统一部署下，江苏省作为地学数据库的建设单位之一，对全省积累的大量地质调查工作成果资料进行数字化和数据库建设，建成了一批高质量的地学数据库和数据管理系统，解决了江苏省地学数据分散、保存方法落后、查询困难、利用率低等长期存在的诸多问题，为江苏省国土资源信息化建设做出了巨大贡献。

目前，江苏省建设的基础地质专业数据库、地质图空间数据库中，与矿产资源潜力评价工作密切相关的主要有地质工作程度数据库、矿产地数据库、1∶20万自然重砂数据库、1∶20万地质图空间数据库、1∶50万地质图空间数据库、化探数据库等，另外重力数据库、航磁数据库、遥感数据库等数据库，由相关单位完成建库并下发至江苏省。现将江苏省基础数据库现状介绍如下。

第一节　地质工作程度数据库

一、数据库建设基本情况

中国地质调查工作程度数据库（江苏部分）项目于2001年6月，由中国地质调查局发展研究中心（全国总项目任务书编号：71001213015）下达至江苏省地质调查研究院，项目工作时间自2001年至2002年，江苏省地质调查研究院院长担任项目负责人。按《中国地质调查工作程度数据库》工作指南（2000—2002年）要求，在全面收集、整理1951年至2000年江苏省域管辖的地质调查（勘查）工作程度资料的基础上，按区域地质调查、矿产勘查、地球物理勘查、地球化学勘查、遥感地质调查、水文地质调查、环境地质调查、工程地质调查、海洋地质调查等将资料划分为九大类。

属性数据项包括图层标识、项目简况、工作简况、项目成果、完成质量、矿产勘查投入工作量、矿产地相关信息等内容。

二、数据库现状

在查阅江苏省地质资料馆2900多份资料后，通过筛选、过滤，选出其中符合建库条件的1865份地质成果，完成实物工作量：地质属性1865条记录，矿区工作量2004条记录，矿产地1036条记录；划分87个专业图层。2002年11月向中国地质调查局提交了MS Access、MapGIS及ArcView三种格式的江苏省地质调查工作程度数据库，并于2003年3月被中国地质调查局评审验收为优秀级成果。后经全国地质工作程度数据库项目汇总，2008年下发给江苏省的数据为：区域性基础地质调查工作程度属性数据1801条记录、矿区工作情况属性数据1889条记录、矿产地属性数据1015条记录。

江苏省地质工作程度数据库现状（截至2007年）情况详见表3-1。

表 3-1 江苏省地质工作程度数据库现状表

序号	大类	子类	填写内容
1	数据库基本情况	数据库名称	《中国地质调查工作程度数据库》(江苏部分)
		数据库主要内容	属性数据项包括图层标识、项目简况、工作简况、项目成果、完成质量、矿产勘查投入工作量、矿产地相关信息等内容。分属3个属性数据表:区域性基础地质调查工作程度属性数据、矿区工作情况属性数据、矿产地属性数据
		数据库类型/形式(真正数据库、一般文件集合、数据库＋一般文件集合的混合形式或其他形式)	真正的数据库,空间数据和非空间数据管理共存的管理模式
		数据库主要格式	属性数据为关系型数据库MS Access格式;空间矢量数据。图形数据为MapGIS系统的wp、wt和ArcView系统的Shape格式
		数据库建库标准	《中国地质调查工作程度数据库》工作指南(2000—2002年)
		采用元数据标准	采用中国地质调查局2001年发布的《地质调查元数据内容及结构标准》
		数据量	区域性基础地质调查工作程度属性数据1801条记录(划分图层87个,详情见表3-2)、矿区工作情况属性数据1889条记录、矿产地属性数据1015条记录
		若为空间数据,其覆盖范围、比例尺、坐标参数(大地坐标系统、高程基准、地图椭球参数、地图投影类型)	覆盖江苏省全省范围。 地理底图:直接采用中国地质调查局发展研究中心项目组提供的1∶50万数字地图,坐标统一采用地理坐标系统。等角割圆锥、克拉索夫斯基投影。 (1)工作区以经纬度表示的数据,空间图统一换算为以度为单位的十进制。 (2)工作区以行政区代码表示的数据,空间图形是用1∶50万数字地图(中国地质调查局下发)的行政区界线直接获取
		数据密级(公开、秘密、机密、绝密)	秘密
		数据库数据覆盖专业名称(若覆盖多种专业,则全部列出)	包括区域地质调查、矿产勘查、地球物理勘查、地球化学勘查、遥感地质调查、水文地质调查、环境地质调查、工程地质调查、海洋地质调查九大类
		数据库建设起止时间、负责人及主要技术人员	2001年6月—2002年11月,负责人:袁晓军 主要技术人员:王季顺、尚培颖
		数据库维护历史记录、负责人及主要技术人员	2004年进行了维护,负责人:尚培颖 主要技术人员:王冰
		数据库更新方式(突击式、日常式、或从未更新)	日常式
		数据库数据或原始资料源头	江苏省地质资料馆和江苏省地质调查研究院

续表 3-1

序号	大类	子类	填写内容
1	数据库基本情况	数据库管理具体单位（即归口管理单位）	江苏省地质调查研究院
		数据库存放具体单位（即物理存放单位）	江苏省地质调查研究院
		数据库的用户群（若有多种用户群，按重要层次列出）	系统内部使用
		数据库应用状况描述	因数据库包含地质专业种类齐全、覆盖范围广、数据量多，在相关地质工作的立项及后续工作中均得到较为广泛的应用。如区域地质调查及生态地球化学调查评价等基础地质调查与研究；水工环地质调查评价（地质灾害调查与防治规划、重大建设工程地质灾害危险性评估、地质环境监测与预警、地下水资源调查评价等）；以及地质矿产勘察评价等项目工作开展中普遍在应用，并取得良好的经济效益
		数据库存在的主要问题描述	(1)矿产分类不够详细：矿产分类的标准是采用 20 世纪 80 年代的分类方法，且在《全国地质工作程度数据库工作指南》中划分较死。如将石灰岩严格定义为冶金辅助原料矿产，而实际工作中，根据石灰岩的化学成分不同，用途也不一样。石灰岩的用途非常广泛，既可作为冶金辅助原料，也可用于化工（制碱、电石、碳酸钙、碳酸钾、氮肥等）、建筑（水泥、石灰、玻璃等）、造纸、制革、染料、陶瓷、印刷、石油、制糖等行业。类似的矿种还很多，特别是非金属。建议在矿产分类上某一矿种可根据其化学成分，按其实际用途进行归类。 (2)个别字段内容无法填写：江苏省地质调查工作所积累的丰富资料经历了漫长的多种特殊时期，有些资料缺少，所需的字段内容，如项目来源、起始时间、项目费用、比例尺、原档存放单位等。对原始资料有误但又无法更正的数据，保留原始，并在备注中加以说明，对更改过的数据也在备注中说明。 (3)部分资料在划分专业图层时，存在模棱两可的情况，图层归属可能存在因人而异，甚至是因时而异的现象
		数据库其他情况描述	项目成果于 2003 年 3 月中国地质调查局评审验收为优秀；在此数据库的基础上，根据江苏省实际工作需要，我们于 2003 年 6 月—2004 年 6 月，按照江苏省国土资源厅的任务要求，历时 1 年，完成"江苏省地质工作程度信息服务系统建设"的数据库建设及应用系统的开发

续表 3-1

序号	大类	子类	填写内容

续表 3-1

序号	大类	子类	填写内容
2	数据库管理系统运行环境	数据库运行的硬件环境（服务器设备、网络设备、其他设备）	计算机最低配置：PIII 450 以上 PC 计算机、笔记本计算机；内存：128MB 光盘驱动器，显示器设置成 1024×768 分辨率 16 位以上彩色显示模式。外围设备：A3 打印机
		数据库运行的操作系统（包括操作系统名称、版本）	操作系统 Windows 98/2000/XP，按 Access 2000、MapGIS 6.2、ArcView 3.2 格式存储
		使用的数据库系统（包括数据库系统名称、版本）	(1)应用系统（GWM1.0）：基于 MapObjects 2.2、MapGIS 6.x 和 ArcView 3.x 平台，研制和开发数据库的应用服务系统及使用说明，包括查询、检索及其输出系统，集数据源与应用为一体，空间数据与非空间数据库共存。 (2)辅助系统：基于 Access 2000 平台，研制和开发属性数据库的录入、数据检查、数据转换等基本辅助功能软件及其说明书
		与其他相关应用系统的关系	(1)数据可在相关 GIS 软件中转换和应用：MapGIS 6.x、ArcGIS 8.x、ArcView 3.x 等 GIS 软件；Microsoft Access 2000 中查看属性数据。 (2)软件开发系统：MapObjects 2.2 和 MapGIS 6.x
3	数据库管理系统体系结构	数据库管理系统的体系结构图（框图表示）	见图 3-1
		数据库管理系统的高层流程图（高层数据流图、高层控制流图）	见图 3-2
4	数据库管理系统功能	数据库管理系统的主要功能描述（逐一描述）	(1)数据库管理功能：本系统数据管理采用了空间数据和非空间数据管理共存的模式，较好地解决了数据库中一对多关系的属性数据浏览问题。 数据采集阶段，建立了基于 MS Access 2000 数据管理软件下的非空间数据库；数据应用阶段，数据由 Access 格式转换为 ESRI Shape 格式的地质工作程度空间数据库。同时保留 Access 格式的非空间数据库。数据查询在空间数据库中完成，空间数据库中的属性浏览，通过非空间数据库实现。 (2)数据检查功能：系统提供了数据检查功能，利用空间数据查询方法，检查数据所在点、区域与地理位置的一致性等逻辑关系，提高了数据库中数据质量。 (3)数据库的查询功能：系统提供了 5 种数据查询功能：模糊查询、属性查询、按行政区划查询、任意范围空间数据查询、图层与图层间空间数据查询，能够满足不同用户对系统进行查询的需求。 (4)数据输出功能：系统提供了方便、简捷制图功能，可以在系统图形界面上可视化地绘制图件标题、图框、图例等
5	数据库概念模型	数据库概念模型（用 E-R 图描述）	见图 3-3

表 3-2　江苏省地质工作程度数据库图层及数量统计表

图　层	图层代码	序号	图层名称	数量（条）
区域地质调查图层	QD04	1	1:20万区域地质调查	21
	QD06	2	1:5万区域地质调查	162
地球化学勘查图层	HT04	3	1:5万区域岩石地球化学勘查	1
	HT08	4	1:5万区域土壤地球化学勘查	4
	HT10	5	1:20万区域水系沉积物地球化学勘查	1
	HT12	6	1:5万区域水系沉积物地球化学勘查	1
	HT13	7	1:5万汞测量	1
	HT15	8	1:5万综合化探	2
地球物理勘查图层	WT03	9	1:20万区域重力测量	1
	WT04	10	1:10万区域重力测量	2
	WT05	11	1:5万区域重力测量	14
	WT06	12	1:100万航空磁测	2
	WT07	13	1:50万航空磁测	1
	WT09	14	1:20万航空磁测	3
	WT10	15	1:10万航空磁测	2
	WT11	16	1:5万航空磁测	9
	WT12	17	1:5万地面磁测	23
	WT13	18	1:5万航空电法	1
	WT14	19	1:20万地面电法	5
	WT15	20	1:5万地面电法	45
	WT18	21	1:5万地面放射性测量	1
	WT20	22	1:50万地震测量	1
	WT22	23	1:10万地震测量	11
	WT24	24	1:5万地震测量	32
	WT25	25	综合物探	27
	WT27	26	1:10万地面电法	1
	WT28	27	1:2.5万地震测量	5
遥感地质图层	YG15	28	其　他	1
	YG40	29	1:10万水文地质遥感调查	1
	YG59	30	1:5万海洋及海岸带等遥感调查	1

续表 3-2

图　层	图层代码	序号	图层名称	数量(条)
水文地质调查图层	SW04	31	1∶20万水文地质调查	28
	SW05	32	1∶5万水文地质调查	5
	SW06	33	1∶1万水文地质调查	5
	SW07	34	1∶10万水文地质调查	1
工程地质调查图层	GC03	35	1∶10万工程地质调查	2
	GC04	36	1∶5万工程地质调查	4
	GC05	37	大于1∶5万工程地质调查	5
综合类地质调查图层	WH06	38	1∶5万物化探综合调查	2
	WH07	39	1∶2.5万物化探综合调查	5
	WH08	40	1∶1万物化探综合调查	40
	WH09	41	1∶5000物化探综合调查	26
	SH02	42	1∶50万水文、工程、环境综合调查	1
	SH04	43	1∶20万水文、工程、环境综合调查	3
	SH05	44	1∶10万水文、工程、环境综合调查	1
	SH06	45	1∶5万水文、工程、环境综合调查	5
矿产勘查工作阶段图层	PK01	46	概查(预查、矿产资源调查、矿点检查等)	163
	PK02	47	普　查	281
	PK03	48	详　查	74
	PK04	49	勘　探	237
	PK05	50	矿产资源区域评价(预测、区划……)	1
	PK06	51	综合异常查证	42
	PK07	52	煤田概查	6
	PK08	53	找煤(初步普查)	41
	PK09	54	煤炭普查(详细普查)	51
	PK10	55	煤炭详查(初步勘探)	55
	PK11	56	煤炭精查(详细勘探)	63
	PK40	57	水源地勘察	132
矿产勘查地质工作图层	PK13	58	1∶1万矿区地质填图	3
	PK16	59	1∶1万矿区重力测量	4
	PK17	60	1∶5000矿区重力测量	2
	PK18	61	1∶2.5万航空磁测	3
	PK20	62	1∶2.5万地面磁测	8

续表 3-2

图 层	图层代码	序号	图层名称	数量(条)
矿产勘查地质工作图层	PK21	63	1∶1万地面磁测	40
	PK22	64	1∶5000地面磁测	47
	PK24	65	1∶2.5万地面电法	10
	PK25	66	1∶1万地面电法	25
	PK26	67	1∶5000地面电法	27
	PK28	68	1∶1万地面放射性测量	2
	PK29	69	1∶5000地面放射性测量	6
	PK32	70	1∶5000岩石地球化学测量	3
	PK33	71	1∶2.5万土壤地球化学测量	4
	PK34	72	1∶1万土壤地球化学测量	2
	PK35	73	1∶5000土壤地球化学测量	4
	PK41	74	1∶5000矿区地震测量	2
	PK45	75	1∶1万矿区地震测量	3
	PK57	76	矿区成矿地质成矿规律研究	9
矿产地图层	KC01	77	贵金属矿产地	49
	KC02	78	有色金属矿产地	160
	KC03	79	黑色金属矿产地	215
	KC04	80	稀有金属矿产地	6
	KC05	81	稀土金属矿产地	4
	KC06	82	放射性元素矿产地	4
	KC07	83	燃料矿产地	157
	KC08	84	冶金辅助原料非金属矿产地	121
	KC09	85	化工原料非金属矿产地	63
	KC10	86	建筑材料非金属矿产	230
	KC11	87	其他非金属矿产地	27

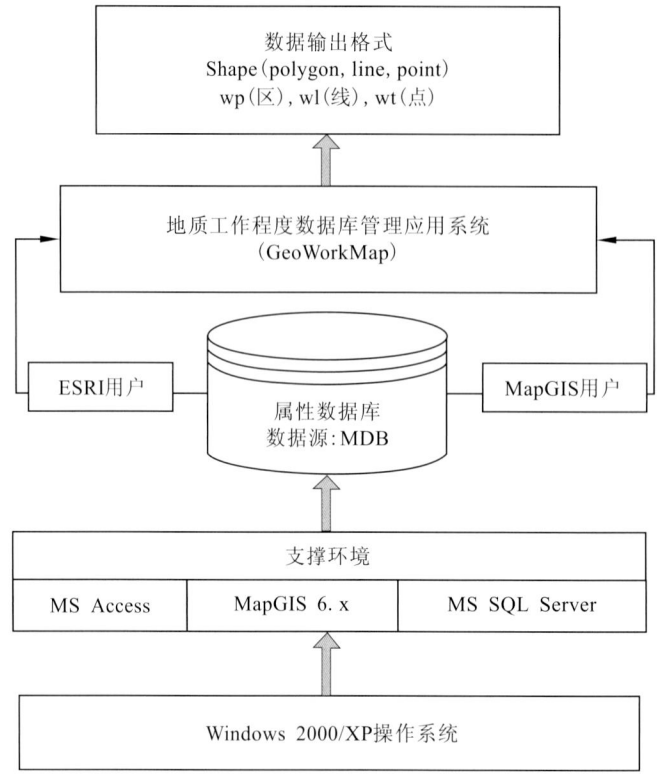

图 3-1　地质工作程度数据库管理系统体系结构图

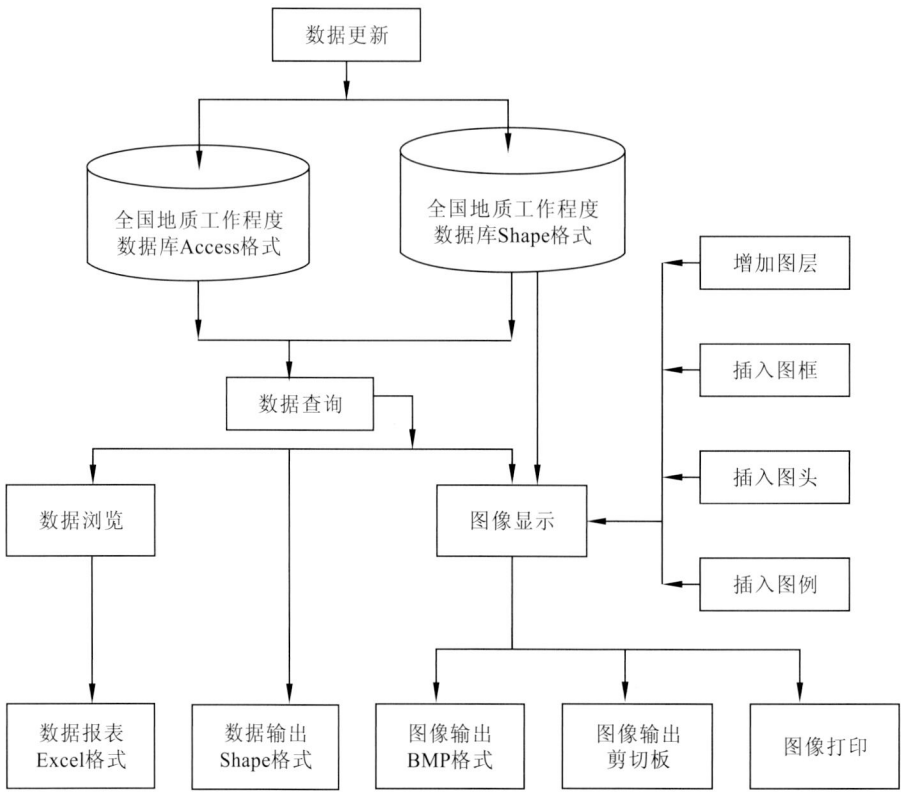

图 3-2　地质工作程度数据库管理系统高层流程图

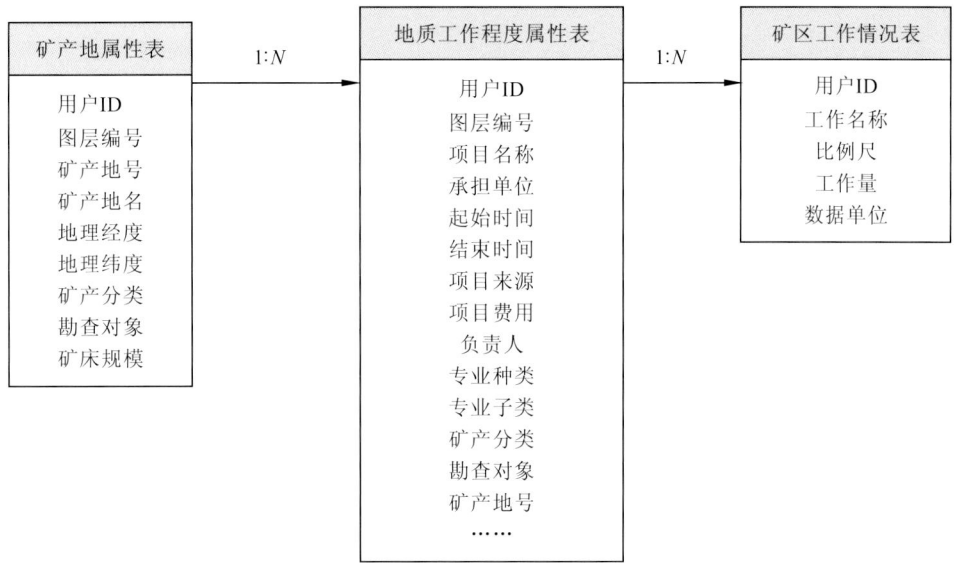

图 3-3 地质工作程度数据库 E-R 模型图

第二节 矿产地数据库

一、数据库建设基本情况

全国矿产地数据库(江苏部分)项目是由中国地质调查局于 1999 年 9 月下达至江苏省地质调查研究院的数据库建设项目。项目编号为 0899132004,工作时间自 1999 年 9 月至 2001 年 6 月,要求在已有资料基础上,建立江苏省矿产地数据库并上交中国地质调查局。

按照中国地质调查局新修订的《矿产地数据库建设工作指南》(1999 年 6 月发布)要求,矿产地数据库划分为 11 类数据表,并建立 1 个图形图像库数据表,形成的矿产地数据库总共包括 12 个数据实体,分别为矿产地基本情况、矿区地质情况、矿体特征、煤层特征、主要可采煤层特征、勘查区(井田)资源量、矿产储量、选矿试验、开采技术条件、矿床技术经济评价、矿产勘查工作概况和图形图像。

二、数据库现状

江苏省矿产地数据库建设资料来源于原江苏省大中型矿产地数据库以及原江苏省矿床(点)数据库,其中包括江苏省主要类型及主要矿产的矿产地,在此基础上,加入位于重要成矿区(带)内的矿点数据,使入库矿产地数目达 434 处。根据任务书要求,录入 10 个典型矿床经过适当简化的大比例尺矿床地质图和重要剖面图,矿床地质图参照《空间数据库工作指南》,剖面图采用扫描方式获取。提交成果为 MS Access 97 格式。后经全国矿产地数据库汇总后,2008 年中国地质调查局返回江苏省的矿产地数据为 709 处。

截至 2007 年江苏省矿产资源潜力评价工作开展前,江苏省矿产地数据库现状情况详见表 3-3。

表 3-3 江苏省矿产地数据库建设现状表(截至 2007 年)

序号	大 类	子 类	填写内容
1	数据库基本情况	数据库名称	全国矿产地数据库(江苏部分)
		数据库主要内容	包括经过一定地质勘查工作,并获得地质成果资料的矿床产地,如超大型矿床、大型矿床、中型矿床、小型矿床、矿点及矿化点等固体矿产。主要包括以下 11 个方面:矿产地基本情况、矿区地质情况、矿体特征、煤矿产特征、主要可采煤层特征、勘查区(井田)资源量、矿产资源储量、选矿试验、开采技术条件、矿产勘查工作概况、矿床技术经济评价
		数据库类型/形式(真正数据库、一般文件集合、数据库+一般文件集合的混合形式或其他形式)	真正数据库(属性数据和空间数据)
		数据库主要格式	MS Access 97 数据库、图形 JPG 和 ArcInfo 两种格式
		数据库建库标准	《矿产地数据库建设工作指南》(1999 年 6 月中国地质调查局发布)
		采用元数据标准	采用中国地质调查局 2001 年发布的《地质调查元数据内容及结构标准》
		数据量	434 个矿产地的 MS Access 97 格式的数据 10 个矿产地的 MapINFO 格式的大比例尺矿区地质图 10 个矿产地的 MapINFO 格式的交通位置图 71 个矿产地的 JPG 格式的交通位置图 74 个矿产地的 JPG 格式的矿区地质图 131 个矿产地的 JPG 格式的地质剖面图 10 个矿产地的 JPG 格式的储量计算平面图 1 个矿产地的 JPG 格式的成矿模式图 17 个矿产地的 JPG 格式的矿区像片
		若为空间数据,其覆盖范围、比例尺、坐标参数(大地坐标系统、高程基准、地图椭球参数、地图投影类型)	江苏省范围内,MapGIS 格式为高斯投影和经纬度无投影数据。高斯投影坐标以毫米为单位,保持原图比例尺,经纬度无投影坐标选择秒为单位。ArcInfo 格式为经纬度无投影数据,坐标单位选择度
		数据密级(公开、秘密、机密、绝密)	机密
		数据库数据覆盖专业名称(若覆盖多种专业,则全部列出)	矿产地包括超大型矿床、大型矿床、中型矿床、小型矿床、矿点及矿化点等固体矿产
		数据库建设起止时间、负责人及主要技术人员	1999—2001 年完成,负责人:王季顺 主要技术人员:王季顺
		数据库维护历史记录、负责人及主要技术人员	2003 年进行了一次维护,负责人:王季顺 主要技术人员:夏嘉生
		数据库更新方式(突击式、日常式,或从未更新)	日常式

续表 3-3

序号	大类	子类	填写内容
1	数据库基本情况	数据库数据或原始资料源头	江苏省地质资料馆和江苏省地质调查研究院
		数据库管理具体单位（即归口管理单位）	江苏省地质调查研究院
		数据库存放具体单位（即物理存放单位）	江苏省地质调查研究院
		数据库的用户群（若有多种用户群，按重要层次列出）	系统内部授权使用
		数据库应用状况描述	江苏省矿产资源潜力评价、江苏省矿产各级规划等项目中被应用
		数据库存在的主要问题描述	保留原报告储量分类，因情况复杂，难以统一，而给用户带来诸多不便
		数据库其他情况描述	无
2	数据库管理系统运行环境	数据库运行的硬件环境（服务器设备、网络设备、其他设备）	最低配置：PIII 450 以上 PC 计算机，内存：128MB；外围设备：A3 打印机
		数据库运行的操作系统（包括操作系统名称、版本）	矿产地数据库数据采用微软的 Windows 98/2000/XP 操作系统
		使用的数据库系统（包括数据库系统名称、版本）	本数据库数据可在 MS Access 2000 系统下直接使用。如果使用 ArcView 3.x 可直接调用 shape 格式数据
		与其他相关应用系统的关系	属性数据在 Access 中可直接应用；图形数据可在 MapINFO，MapGIS 系统中应用
3	数据库管理系统体系结构	数据库管理系统的体系结构图（框图表示）	《全国矿产地数据库应用系统（KCD 1.0）》软件采用了以 ESRI MapObjects 构件为基础的开发模式，在 Windows 98/2000/XP 操作系统下建立的集数据源与应用为一体、空间数据与非空间数据库共存、对矿产地数据库进行数据管理的数据库应用系统，见图 3-4
		数据库管理系统的高层流程图（高层数据流图、高层控制流图）	见图 3-5
4	数据库管理系统功能	数据库管理系统的主要功能描述（逐一描述）	《矿产地数据库应用系统（KCD 1.0）》主要用于矿产地数据的查询检索和数据提取等工作。系统功能主要有以下六大功能模块：(1)数据库管理功能；(2)按用户需求建立的查询、检索系统；(3)空间分析功能，按一定数据格式将数据查询结果和进行简单空间分析结果的输出（数据报表和矿产分布示意图）；(4)数据库动态编辑维护系统；(5)数据库查询结果输出功能；(6)建立用户档案和分级管理的使用权限系统以及数据维护权限系统。软件中建立用户档案，对用户分级管理，不同用户具有不同的使用权限，以提高系统的安全保密性
5	数据库概念模型	数据库概念模型（E-R 图描述）	见图 3-6

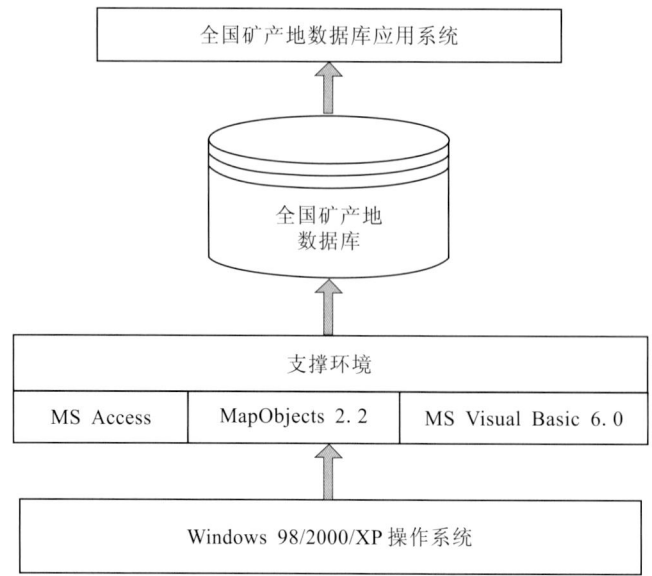

图 3-4 矿产地数据库管理系统的体系结构图

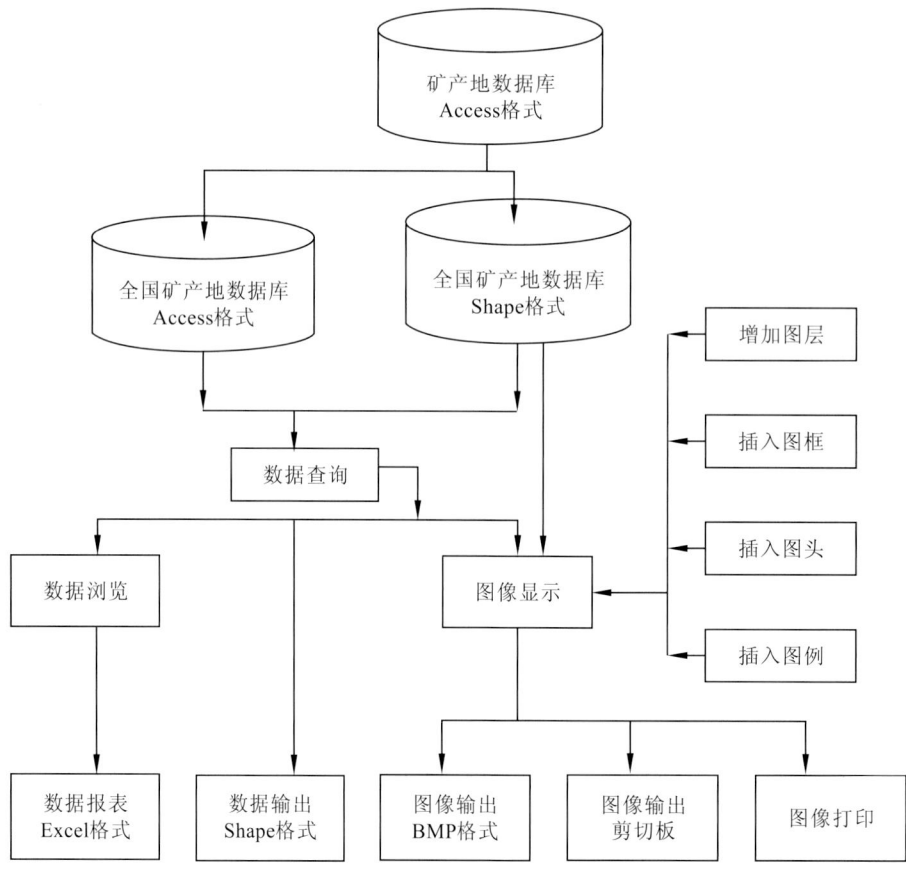

图 3-5 矿产地数据库管理系统高层流程图

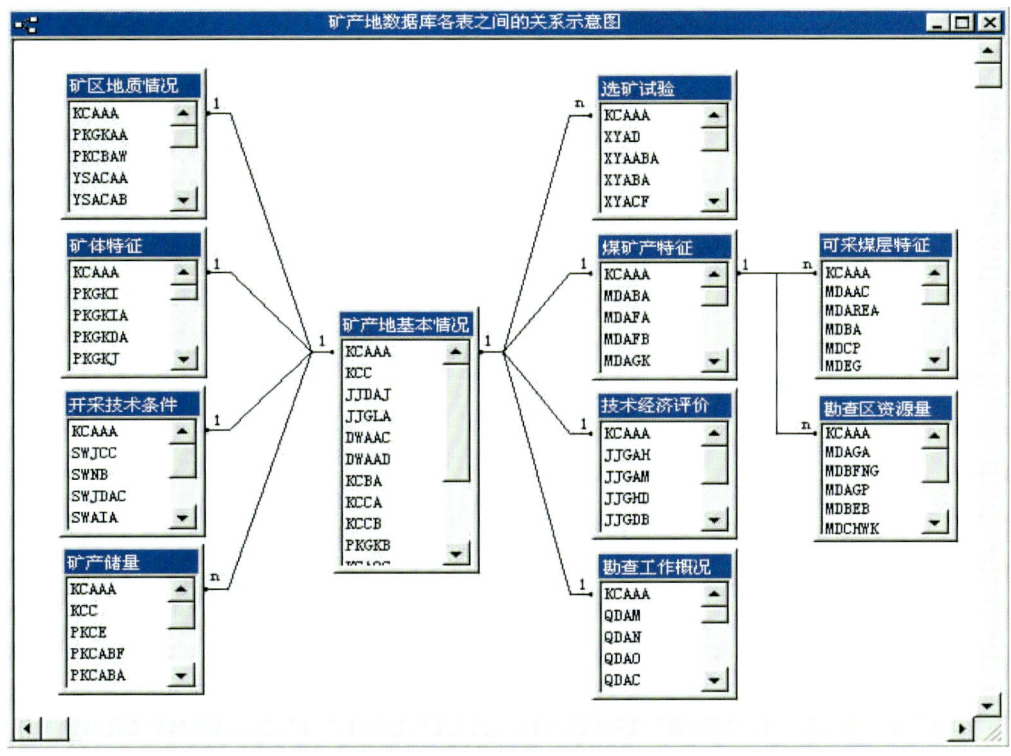

图 3-6　矿产地数据库 E-R 模型图

第三节　自然重砂数据库

一、数据库建设基本情况

1∶20万自然重砂数据库(江苏部分)建设项目是中国地质调查局下达至江苏省地质调查研究院的国土资源大调查数字国土工程项目,隶属于基础地质数据库实施项目,中国地质调查局下达两次任务,第一次于1999年9月下达(江苏省作为自然重砂数据库建设试点省份),项目编号:0899132003;任务书编号:S3.2.2.2;工作时间:1999年9月—2000年6月。第二次于2000年3月下达,项目编号:19991831005075;任务书编号:0800132002;工作时间:2000—2003年,由中国地质调查局发展研究中心负责具体技术组织并提供技术支持。按照中国地质调查局《自然重砂数据库建设工作指南》要求,建立江苏省1∶20万自然重砂数据库,为江苏省乃至全国区域自然重砂资料的科学管理、开发利用、信息共享及综合研究提供数据源,将自然重砂信息资源纳入地理信息系统,从而更好地为矿产预测、资源与环境评价服务。

自然重砂数据库主要内容包括基本信息数据、样品基本信息数据、样品鉴定结果数据、自然重砂鉴定结果不定量值的表示方法和量化值的数据共4个文件类型,涉及基本数据项40余个。以图幅为基本单位采集自然重砂样品的相关数据,其中基础数据取自自然重砂鉴定报告、送样单、野外记录本、野外手图等资料;图形数据由自然重砂取样实际材料图采集。

二、数据库现状

自然重砂数据库建设工作开展历时 4 年多,期间依据的《自然重砂数据库建设工作指南》经历过数次修改和完善,按最新版指南(2002 年 8 月修订)及项目设计要求,对江苏省 1∶20 万区域地质调查成果中自然重砂数据进行系统收集和整理,共完成了江苏省徐州市、新沂市、连云港市、盱眙县、扬州市、常州市、苏州市、无锡市、马鞍山市 9 个标准图幅的自然重砂数据库建设,提交了 Access 和 DBF 格式的属性数据库,以及 ArcInfo 和 MapGIS 格式的空间数据库。成果数据通过中国地质调查局组织的专家组验收,并被评为优秀。

截至 2007 年矿产资源潜力评价工作开展之前,江苏省自然重砂数据库现状详见表 3-4。

表 3-4 1∶20 万自然重砂数据库现状表(截至 2007 年)

序号	大类	子类	填写内容
1	数据库基本情况	数据库名称	1∶20 万自然重砂数据库(江苏部分)
		数据库主要内容	主要包括样品基本信息数据和自然重砂鉴定结果数据,如 1∶20 万图幅基本信息数据、样品基本信息数据、自然重砂鉴定结果数据、图幅样品鉴定结果不定量值的表示方法和量化值的数据及派生的自然重砂点位属性数据
		数据库类型/形式(真正数据库、一般文件集合、数据库+一般文件集合的混合形式或其他形式)	真正数据库(属性数据库和空间数据库)
		数据库主要格式	(1)基础数据格式:以 DBF 和 Access 格式存储数据。数据库以 Access 格式存储,属性库以 DBF 格式存储。 (2)图形数据格式:以 ArcInfo 和 MapGIS 格式存储数据
		数据库建库标准	中国地质调查局下发的《自然重砂数据库建设工作指南》(2001-06-01 试用,2002-08-01 修订)
		采用元数据标准	采用 2001 年中国地质调查局下发的《地质调查元数据内容与结构标准》
		数据量	包括徐州市、新沂市、连云港市、盱眙县、扬州市、常州市、苏州市、无锡市、马鞍山市 9 个 1∶20 万标准图幅自然重砂数据;样品个数 4457,样品鉴定个数 53 431。见表 3-5
		若为空间数据,其覆盖范围、比例尺、坐标参数(大地坐标系统、高程基准、地图椭球参数、地图投影类型)	覆盖江苏省部分地区,采用地理坐标系统(北京 54),用经纬度表示,以度为单位
		数据密级(公开、秘密、机密、绝密)	秘密
		数据库数据覆盖专业名称(若覆盖多种专业,则全部列出)	自然重砂
		数据库建设起止时间、负责人及主要技术人员	1999—2003 年完成,负责人:王季顺 主要技术人员:夏嘉生、李素荣
		数据库维护历史记录、负责人及主要技术人员	2007 年前未进行维护

续表 3-4

序号	大 类	子 类	填写内容
1	数据库基本情况	数据库更新方式（突击式、日常式，或从未更新）	日常式
		数据库数据或原始资料源头	江苏省地质调查研究院
		数据库管理具体单位（即归口管理单位）	江苏省地质调查研究院
		数据库存放具体单位（即物理存放单位）	江苏省地质调查研究院
		数据库的用户群（若有多种用户群，按重要层次列出）	系统内部相关技术人员
		数据库应用状况描述	江苏省矿产资源潜力评价项目中使用
		数据库存在的主要问题描述	因所用原始采样图件较老，图形可能存在变形情况，影响到样品坐标精度
		数据库其他情况描述	无
2	数据库管理系统运行环境	数据库运行的硬件环境（服务器设备、网络设备、其他设备）	PIII 450 以上 PC 计算机、笔记本计算机；内存：128MB；显示器设置成 1024×768 分辨率 16 位以上彩色显示模式。外围设备：A3 打印机
		数据库运行的操作系统（包括操作系统名称、版本）	Microsoft Windows 2000/XP
		使用的数据库系统（包括数据库系统名称、版本）	MS SQL Server 2000，MS Access 2000
		与其他相关应用系统的关系	利用 Access 软件对数据库进行数据管理，利用 MapGIS 软件和 ArcInfo 软件对系统中的图形数据进行数据管理。图形数据库支撑软件：MapGIS 6.0 以上版本、ArcInfo 8.0 以上版本
3	数据库管理系统体系结构	数据库管理系统的体系结构图（框图表示）	见图 3-7
		数据库管理系统的高层流程图（高层数据流图、高层控制流图）	见图 3-8
4	数据库管理系统功能	数据库管理系统的主要功能描述（逐一描述）	(1)数据库数据管理。数据库数据管理采用客户/服务的方式对空间数据和非空间数据进行管理，较好地解决了数据库中一对多关系的属性数据浏览问题。同时采用有效的安全方法对数据进行安全保证。数据库储存分为两种级别：大数据量采用服务器 MS SQL Server 方式；小数据量和查询结果采用本地客户计算机 MS Access 2000 方式。安全功能：解决数据的分级管理和数据安全。数据维护功能：解决数据输入和字典库的维护。

续表 3-4

序号	大 类	子 类	填写内容
4	数据库管理系统功能	数据库管理系统的主要功能描述(逐一描述)	数据查询功能:提供行政区查询、图幅信息查询和缓冲区查询。 (2)数据库数据处理与应用。 数据归一化功能:将自然重砂鉴定结果的单位统一为一种单位,同时计算出分级参数。 图形生成功能:将标准化后的数据生成图形,生成点位图、等值线图等。 异常处理功能:将点位图按要求生成分布图、分级图、八卦图、条形图和汇水盆地异常图等。 综合图形处理功能:进行图框和图例处理,并且输出图形
5	数据库概念模型	数据库概念模型(用 E-R 图描述)	见图 3-9

表 3-5 1∶20 万自然重砂数据库完成实物工作量表

序号	图幅编号	图幅名称	样品统计		备 注
			取样点(个)	鉴定矿物(个)	
1	I5016	徐州市幅	1157	13 344	
2	I5017	新沂市幅	400	7421	
3	I5018	连云港市幅	81	655	
4	I5029	盱眙县幅	355	4520	
5	I5036	扬州市幅	139	1590	Access 格式数据库、DBF 格式属性库、ArcInfo 格式及 MapGIS 格式的空间数据
6	H5005	马鞍山幅	992	12 499	
7	H5006	常州市幅	431	1964	
8	H5101	无锡市幅	313	4319	
9	H5107	苏州市幅	589	7119	
	合 计		4457	53 431	

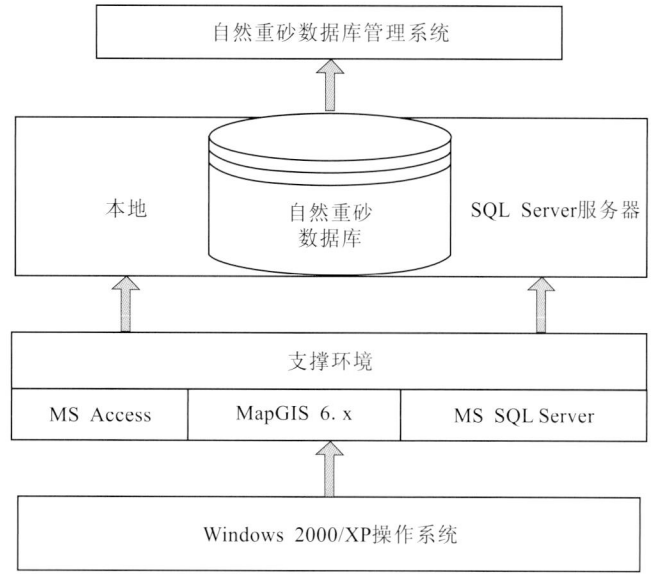

图 3-7 自然重砂数据库管理系统的体系结构图

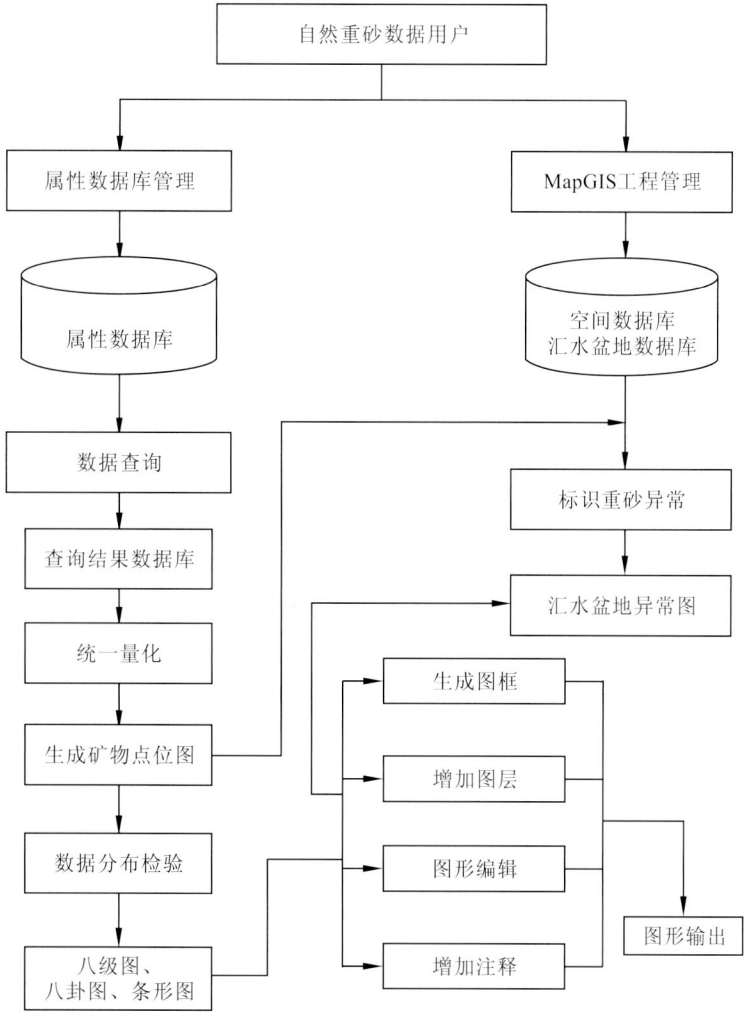

图 3-8 自然重砂数据库管理系统的高层流程图

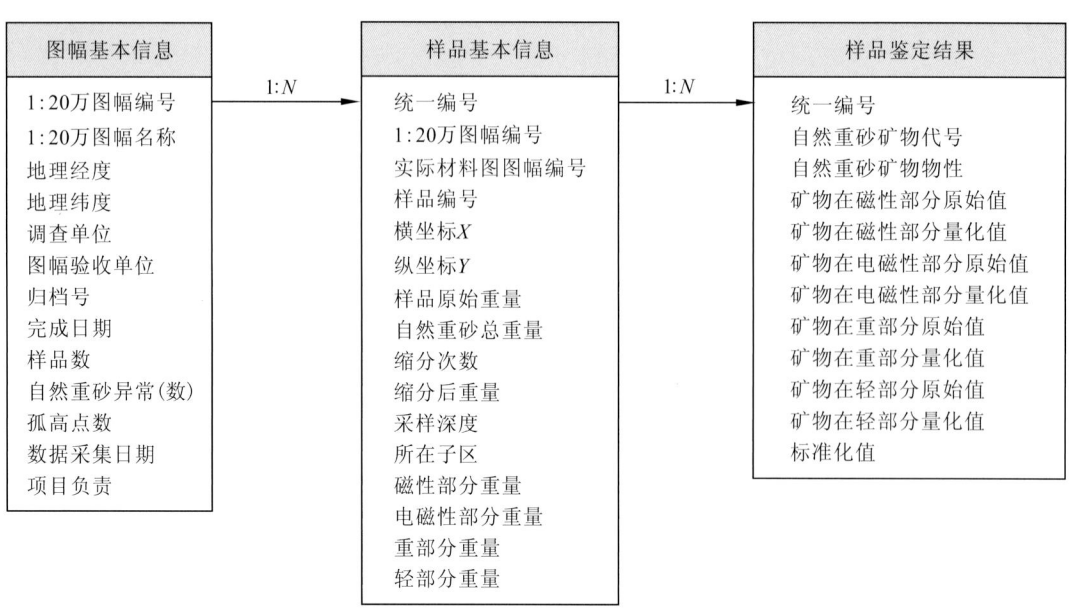

图 3-9 自然重砂数据库 E-R 模型

第四节 1∶20 万数字地质图空间数据库

一、数据库建设基本情况

1∶20 万数字地质图空间数据库是在 1∶50 万数字地质图数据库建设的基础上,真正严格应用空间数据库概念,以 1∶20 万标准图幅为建库单元,按年度分批完成的。在已有的 1∶20 万地质图成果资料基础上,按照《数字地质图空间数据库建设工作指南 2.0 版》进行图件矢量化,建立的 1∶20 万数字地质图空间数据库。

在充分利用现有的 1∶20 万区域地质图及区域地质调查报告或说明书的基础上,尽可能提取更多、更有效的信息,除图件内、外整饰图层外,所有地质体的面元、线元和点元都建立了相应的属性。提交的成图过程全部采用计算机 MapGIS 辅助制图。提交的空间数据包括水系图层、交通图层、居民地图层、境界图层、地形图层、地层图层、火山岩岩性图层、非正式地层单位图层、侵入岩图层、脉岩图层、围岩蚀变图层、混合岩化带、变质相带图层、断层图层、构造变形带图层、矿产图层、产状符号图层、化石采样点图层、同位素年龄采样点图层、钻孔点图层、各类火山口图层、泉点图层、剖面线等图层。成果数据库为高斯投影、经纬度投影及 ArcInfo 数据格式。

二、数据库现状

江苏省 1∶20 万数字地质图空间数据库建设以 MapGIS 和 ArcInfo 为平台,建库按照中国地质调查局下发的《数字地质图空间数据库建设工作指南 2.0 版》标准执行,总计完成建库图幅 14 个(表 3-6)。其中与邻省交界图幅,仅有省界内区调资料,因此,建库系省界内内容。成果验收为优秀级。该空间数据库的建成,对提高江苏省公益性地质资料的使用效率、促进地质工作更加密切与社会经济发展的关系具有重要的意义。

表 3-6 1:20 万数字地质图空间数据库统计表

序号	图幅名称	图幅编号	建库时间	备 注
1	盱眙县幅	I5029	1999 年	
2	徐州市幅	I5016		
3	新沂市幅	I5017		
4	连云港市幅	I5018		
5	砀山县幅	I5015		
6	灵壁县幅	I5022		
7	南京市幅	I5035	2001 年	
8	扬州市幅	I5036		
9	马鞍山幅	H5005		
10	常州市幅	H5006		
11	无锡市幅	H5101		
12	芜湖市幅	H5011		
13	广德县幅	H5012		
14	苏州市幅	H5013		

2007 年矿产资源潜力评价工作开展以前,1:20 万数字地质图空间数据库现状详见表 3-7。

表 3-7 1:20 万数字地质图空间数据库现状表

序号	大 类	子 类	填写内容
1	数据库基本情况	数据库名称	江苏省 1:20 万数字地质图空间数据库
		数据库主要内容	数据内容涉及水系、境界、地层、地质界线、火山岩、侵入岩、断层、脉岩、产状、围岩蚀变、非正式地层单位、矿产、构造变形带、钻孔、同位素年龄等相关图层信息
		数据库类型/形式(真正数据库、一般文件集合、数据库+一般文件集合的混合形式或其他形式)	空间数据库
		数据库主要格式	MapGIS 及 ArcInfo 两种格式
		数据库建库标准	中国地质调查局下发的《数字地质图空间数据库建设工作指南2.0版》(2001年5月)
		采用元数据标准	中国地质调查局下发的《地质调查元数据内容与结构标准》(2001-06-01 发布)
		数据量	共完成 14 个 1:20 万标准图幅,图层数据包括地层、地质界线、火山岩、侵入岩、断层、脉岩、产状、围岩蚀变、非正式地层单位、矿产、构造变形带、钻孔等相关图层信息

续表 3-7

序号	大类	子类	填写内容
1	数据库基本情况	若为空间数据,其覆盖范围、比例尺、坐标参数(大地坐标系统、高程基准、地图椭球参数、地图投影类型)	覆盖江苏省全省,比例尺为1∶20万,坐标参数: (1)MapGIS格式为高斯投影和经纬度无投影数据。高斯投影坐标以毫米为单位(包括北京、西安两类),经纬度无投影坐标选择秒为单位。 (2)ArcInfo格式为经纬度无投影数据,坐标单位选择度
		数据密级(公开、秘密、机密、绝密)	秘密
		数据库数据覆盖专业名称(若覆盖多种专业,则全部列出)	区域地质调查
		数据库建设起止时间、负责人及主要技术人员	1999—2000年完成,负责人:姚文江 主要技术人员:唐海燕、刘晓玲、谢增平、刘海英等
		数据库维护历史记录、负责人及主要技术人员	2003年进行了维护,负责人:朱静苹 主要技术人员:尚培颖、刘海英、谢增平等
		数据库更新方式(突击式、日常式或从未更新)	日常式
		数据库数据或原始资料源头	江苏省地质调查研究院
		数据库管理具体单位(即归口管理单位)	江苏省地质调查研究院
		数据库存放具体单位(即物理存放单位)	江苏省地质调查研究院
		数据库的用户群(若有多种用户群,按重要层次列出)	系统内部相关技术人员
		数据库应用状况描述	江苏省矿产资源潜力评价项目中使用
		数据库存在的主要问题描述	(1)未按"原汁原味"建库的常州市幅(H5006)、砀山县幅(I5015)、广德县幅(H5012)、灵璧县幅(I5022)、马鞍山幅(H5005)、南京市幅(I5035)、宣城市幅(H5011)、扬州市幅(I5036)共8个图幅进行了地层清理; (2)图形数据库不包括图外的柱状图和剖面图,使图形存在不完整的缺陷
		数据库其他情况描述	无
2	数据库管理系统运行环境	数据库运行的硬件环境(服务器设备、网络设备、其他设备)	PⅢ系列微机,至少512M内存、1000M硬盘空间;建议采用PⅣ CPU、1G以上内存
		数据库运行的操作系统(包括操作系统名称、版本)	Windows 2000 操作系统
		使用的数据库系统(包括数据库系统名称、版本)	SQL Server 2000 SP2 及以上
		与其他相关应用系统的关系	需要ArcInfo 8.1或ArcEditor 8.1及以上软件支撑

续表 3-7

序号	大 类	子 类	填写内容
3	数据库管理系统体系结构	数据库管理系统的体系结构图（框图表示）	见图 3-10
		数据库管理系统的高层流程图（高层数据流图、高层控制流图）	无
4	数据库管理系统功能	数据库管理系统的主要功能描述（逐一描述）	本系统基于 ArcSDE 技术和面向对象的 Geodatabase 数据模型，采用 C/S 体系结构，综合 GIS 技术、关系数据库管理（RDBMS）技术以及计算机网络技术的系统开发技术路线，应用面向对象的编程方法，利用 VBA for ArcInfo 做二次开发（ArcMap 的定制），实现全国 1:20 万数字地质图空间数据库的综合管理、数据查询检索及输出功能
5	数据库概念模型	数据库概念模型（用 E-R 图描述）	见图 3-11

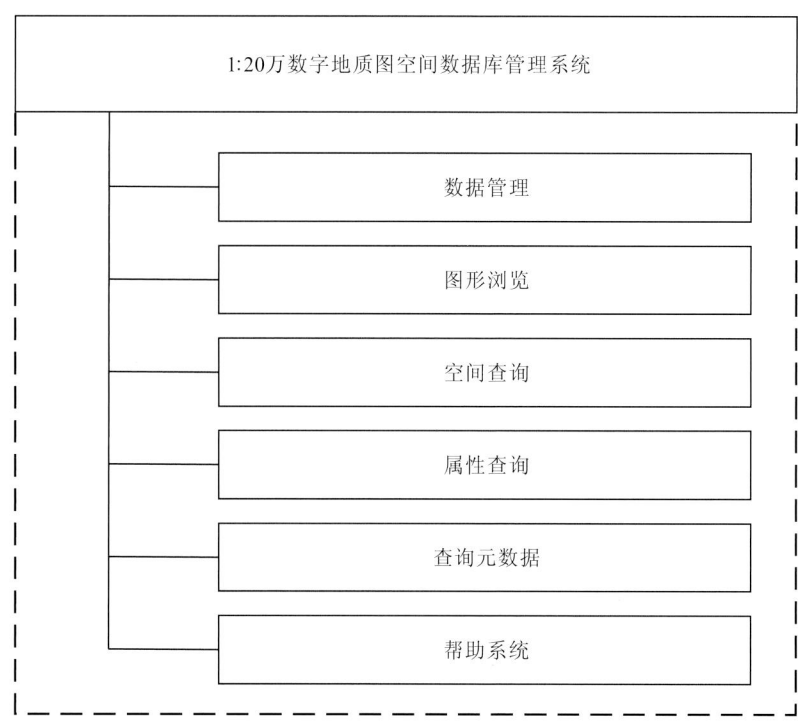

图 3-10　全国 1:20 万数字地质图空间数据库管理系统功能体系结构图

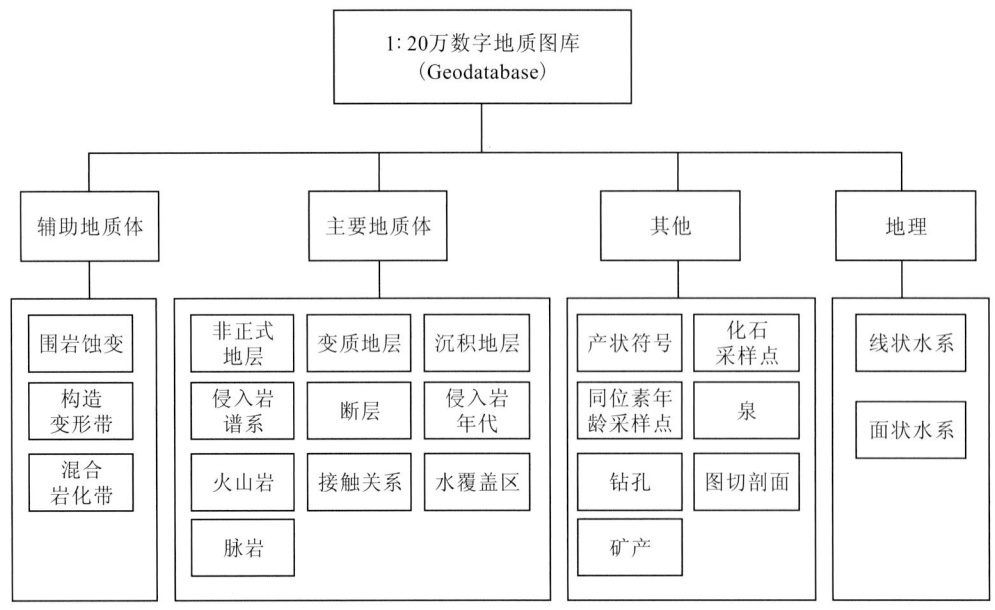

图 3-11 全国 1∶20 万数字地质图空间数据库 E-R 模型图

第五节　1∶50 万数字地质图空间数据库

一、数据库建设基本情况

该图库全称为"江苏省及上海市 1∶50 万数字地质图数据空间库",系"中国 1∶50 万数字地质图数据库"项目(编号 95-06-013)"地质编图"课题(编号 95-06-013-01)的一个专题(编号 95-06-013-01-07)。该图库是 GIS 技术最早的实际应用。

该项目最早始于 1990 年,由原江苏省地质矿产厅地科处负责,原江苏省矿产局区域地质调查大队、江苏省地质调查研究所配合实施,随着国内 GIS 技术起步、探索,至 1999 年 12 月江苏省地质调查研究院配合完成。成图过程采用在 MapGIS 5.0 平台计算机辅助成图,成图精度较高,质量较好,符合设计要求,是江苏省、上海市第一份应用 GIS 技术的 1∶50 万数字地质图成果,也是地质图空间数据库技术的奠基之作。通过数字制图技术实现编图,对钻孔等点元、跨省区和省内重要断裂等线元和各种地质体面元都分别建立了属性表,并以数据库的格式存储,然后用 MapGIS 5.0 软件对数据库与点、线、面图元进行关联,最终完成计算机图形空间数据库。

二、数据库现状

江苏部分是在江苏省(1990 年版)1∶25 万地质图、上海部分是在(1988 年版)1∶20 万基岩地质图和第四纪地质图及 1∶50 万地质图(上海市区域地质志附图)基础上,利用了 1∶5 地质图 25 幅的新资料,并吸收了有关科研成果资料 3 项,充分利用新资料和最新研究成果。地质图内容丰富、信息量大,表示岩石地层单位 84 个、花岗岩谱系单位及侵入体时代加岩性单位 68 个;跨省区断裂 5 条、省内重要断层 21 条、岩芯钻孔数据 114 个。该图是 2000 年前江苏省和上海市资料最全、内容最新的 1∶50 万地质图,充分反映了江苏省、上海市地质构造特点和地质研究的新水平。该数据库包括安装系统 1 个,可按省、按行政区(县级)检索,还可按 1∶50 万地质图国际分幅、按经纬度以及任意范围多边形提取数据库的有关内容。目前该空间库已经升级到 MapGIS 6.7 版本,作为公益性成果得到广泛应用。

数据库现状详见表 3-8。

表 3-8　1∶50 万数字地质图空间数据库建设现状表

序号	大类	子类	填写内容
1	数据库基本情况	数据库名称	江苏省 1∶50 万数字地质图空间数据库
		数据库主要内容	数据内容涉及水系、境界、地层、火山岩、侵入岩、断层、构造、钻孔等相关信息
		数据库类型/形式(真正数据库、一般文件集合、数据库+一般文件集合的混合形式或其他形式)	空间数据库
		数据库主要格式	中地数码公司 MapGIS 5.32
		数据库建库标准	中国地质调查局下发的《空间数据库建设工作指南 1.0 版》
		采用元数据标准	中国地质调查局《地质调查元数据内容与结构标准》(2001-06-01 发布)
		数据量	跨图幅 7 个(图 3-12),图层数据包括水系、境界、地层、火山岩、侵入岩、断层、构造、钻孔等图层
		若为空间数据,其覆盖范围、比例尺、坐标参数(大地坐标系统、高程基准、地图椭球参数、地图投影类型)	覆盖全省,比例尺为 1∶50 万,坐标参数:投影平面直角坐标,1954 年北京坐标系,高斯-克吕格投影类型,6 度分带
		数据密级(公开、秘密、机密、绝密)	公开
		数据库数据覆盖专业名称(若覆盖多种专业,则全部列出)	区域地质调查
		数据库建设起止时间、负责人及主要技术人员	1999—2000 年完成
		数据库维护历史记录、负责人及主要技术人员	2005 年前未进行具体维护
		数据库更新方式(突击式、日常式,或从未更新)	根据使用过程中需要进行更新
		数据库数据或原始资料源头	江苏省地质调查研究院
		数据库管理具体单位(即归口管理单位)	江苏省地质调查研究院
		数据库存放具体单位(即物理存放单位)	江苏省地质调查研究院
		数据库的用户群(若有多种用户群,按重要层次列出)	系统内部相关技术人员
		数据库应用状况描述	江苏省矿产资源潜力评价项目中使用
		数据库存在的主要问题描述	无
		数据库其他情况描述	无

续表 3-8

序号	大类	子类	填写内容
2	数据库管理系统运行环境	数据库运行的硬件环境(服务器设备、网络设备、其他设备)	PIII 450 以上 PC 计算机、笔记本计算机;内存:128MB,显示器设置成 1024×768 分辨率 16 位以上彩色显示模式。外围设备:A3 打印机
		数据库运行的操作系统(包括操作系统名称、版本)	MS Windows XP
		使用的数据库系统(包括数据库系统名称、版本)	中地数码公司 MapGIS 5.32
		与其他相关应用系统的关系	无
3	数据库管理系统体系结构	数据库管理系统的体系结构图(框图表示)	见图 3-13
		数据库管理系统的高层流程图(高层数据流图、高层控制流图)	无
4	数据库管理系统功能	数据库管理系统的主要功能描述(逐一描述)	系统提供按空间范围检索、地质要素检索、图例检索、地理内容检索、属性显示,生成图形文件等检索方式;并按国家标准规定的任意投影方式自动成图;能按照用户的需要检索出任意省、地区、县、全省版图内的 1:100 万、1:50 万、1:25 万、1:20 万、1:10 万、1:5 万 6 种比例尺的任意标准图幅
5	数据库概念模型	数据库概念模型(用 E-R 图描述)	无

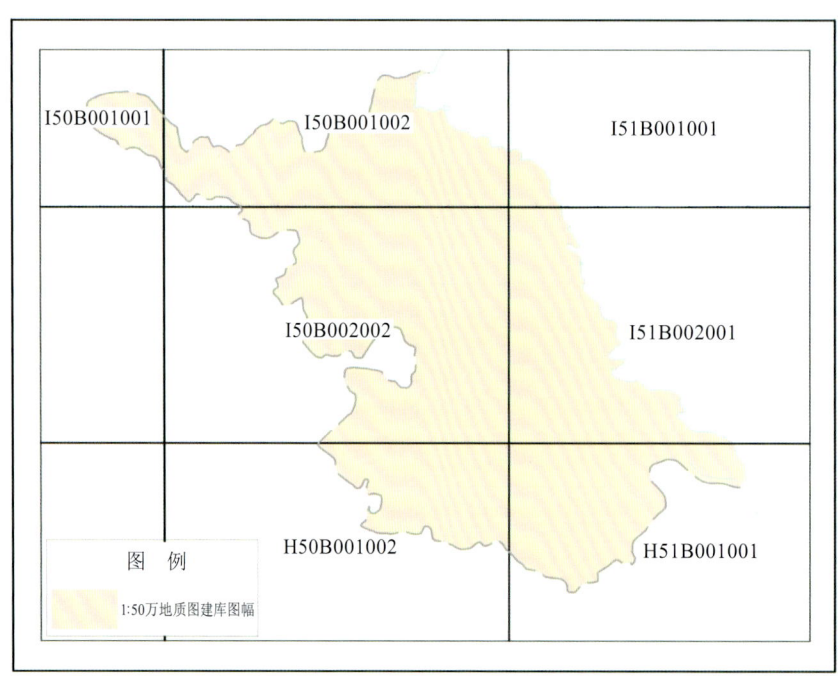

图 3-12　江苏省 1:50 万建库工作程度图

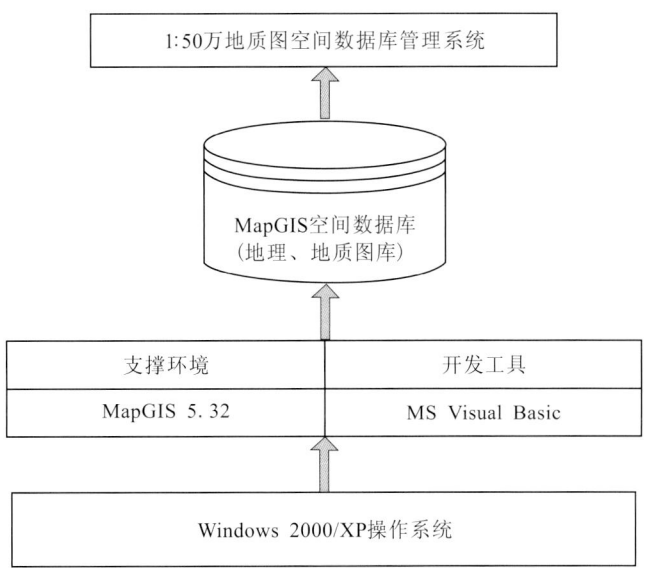

图 3-13　1∶50 万地质图空间数据库管理系统体系结构图

第六节　区域重力数据库

一、数据库建设基本情况

以《全国区域重力数据库标准格式》和《区域重力调查规范》(DZ/T 0082—93)为依据,以《全国区域重力数据库管理软件系统》(RGIS 2.0 系统)为平台,由中国地质调查局发展研究中心负责,历时 3 年(于 2003 年提交使用)完成建设全国区域重力数据库。

全面收集、整理了截至 2001 年我国原地质矿产部系统完成的 1∶20 万、1∶50 万和 1∶100 万区域重力调查数据,共计 255 个 1∶20 万图幅数据、84 个 1∶50 万图幅数据、27 个 1∶100 万图幅数据;收集、整理了 1999 年以来国土资源大调查专项部署完成的青藏高原 6 个 1∶100 万图幅和遍布全国的 78 个 1∶20 万图幅的区域重力调查成果数据。全国区域重力数据库包括重力基点网数据表、高程数据表、重力工作区参数信息表、工作范围表、重力数据表等内容。

2004—2005 年由中国地质调查局发展研究中心对数据库进行了维护和更新,2004 年度整理入库 23 个 1∶20 万图幅及 3 个 1∶100 万图幅的区域重力调查成果数据 2 万多个点。

二、数据库现状

2007 年因开展江苏省及上海市矿产资源潜力评价项目工作需要,将全国区域重力数据库中江苏和上海部分的区域重力数据下发至江苏省地质调查研究院,比例尺包括 1∶20 万和 1∶100 万。其中,江苏省 1∶20 万、1∶100 万重力数据分别有 21 413 条和 1199 条记录,上海市 1∶20 万、1∶100 万重力数据分别有 1446 条和 71 条记录。数据库数据项内容包括经度、纬度、高程值和布格重力值 4 项。具体参数说明见表 3-9。

该数据库数据质量可靠,资料来源全面,数据较新,进行维护和补充后可作为矿产资源潜力评价的基础数据。数据库现状如表 3-10 所示。

表 3-9 重力数据库参数说明

字段名称	数据类型	小数位	说 明
经 度	Double	5	测点所在的经度值（1954年北京），如：113.84234
纬 度	Double	5	测点所在的纬度值（1954年北京），如：33.34930
高程值	Double	1	单位：m，1985年国家高程基准
布格重力值	Double	2	单位：$\times 10^{-5}$ m/s^2，1985年重力基本网

表 3-10 区域重力数据库现状表

序号	大 类	子 类	填写内容
1	数据库基本情况	数据库名称	江苏省区域重力数据库
		数据库主要内容	1：20万、1：100万重力数据资料，数据库数据项内容包括经度、纬度、高程值和布格重力值4项
		数据库类型/形式（真正数据库、一般文件集合、数据库＋一般文件集合的混合形式或其他形式）	一般文件集合
		数据库主要格式	MS Access 格式
		数据库建库标准	全国区域重力数据库标准格式以及《区域重力调查规范》(DZ/T 0082—93)
		采用元数据标准	无
		数据量	江苏省 1：20 万、1：100 万重力数据分别有 21 413 条和 1199 条记录，上海市 1：20 万、1：100 万重力数据分别有 1446 条和 71 条记录
		若为空间数据，其覆盖范围、比例尺、坐标参数（大地坐标系统、高程基准、地图椭球参数、地图投影类型）	基本覆盖江苏全省，比例尺 1：20 万、1：100 万，采用1954年北京坐标系和1985年国家高程基准，采用高斯6度带坐标
		数据密级（公开、秘密、机密、绝密）	绝密
		数据库数据覆盖专业名称（若覆盖多种专业，则全部列出）	区域地球物理勘查
		数据库建设起止时间、负责人及主要技术人员	2000—2003年，由中国地质调查局发展研究中心负责，陕西省地质矿产勘查开发局第二综合物探大队参与完成建设
		数据库维护历史记录、负责人及主要技术人员	无
		数据库更新方式（突击式、日常式或从未更新）	无
		数据库数据或原始资料源头	中国地质调查局发展研究中心
		数据库管理具体单位（即归口管理单位）	中国地质调查局发展研究中心

续表 3-10

序号	大 类	子 类	填写内容
1	数据库基本情况	数据库存放具体单位（即物理存放单位）	中国地质调查局发展研究中心
		数据库的用户群（若有多种用户群，按重要层次列出）	内部授权使用
		数据库应用状况描述	主要用于矿产资源潜力评价和科研等
		数据库存在的主要问题描述	无
		数据库其他情况描述	无
2	数据库管理系统运行环境	数据库运行的硬件环境（服务器设备、网络设备、其他设备）	PIII 450 以上 PC 计算机、笔记本计算机；内存：128MB，显示器设置成 1024×768 分辨率 16 位以上彩色显示模式。外围设备：A3 打印机
		数据库运行的操作系统（包括操作系统名称、版本）	Microsoft Windows XP 系列操作系统
		使用的数据库系统（包括数据库系统名称、版本）	《全国区域重力数据库管理软件系统》（RGIS 3.0 系统），所有数据可以在区域重力信息系统中直接使用
		与其他相关应用系统的关系	无
3	数据库管理系统体系结构	数据库管理系统的体系结构图（框图表示）	无
		数据库管理系统的高层流程图（高层数据流图、高层控制流图）	无
4	数据库管理系统功能	数据库管理系统的主要功能描述（逐一描述）	具有数据入库、数据查询、专题图制作、数据输出及数据库维护等功能
5	数据库概念模型	数据库概念模型（用 E-R 图描述）	无

第七节 航磁数据库

一、数据库建设基本情况

航磁数据库由中国国土资源航空物探遥感中心于 2002 年承担建设，主要由中国国土资源航空物探遥感中心及江苏省航测队的航磁模拟资料数字化和建库（省级航磁数据库）。数据库目前可提供 2km×2km 的网格数据，对局部地区可提供 1km×1km 的网格数据。

二、数据库现状

江苏省航磁数据库来源于全国航磁数据库，包括航空物探遥感中心不同年代完成的 13 个 1∶50 万、1∶20 万和 1∶5 万航磁剖面数据，1∶50 万测区覆盖全省。数据库现状如表 3-11 所示。

表 3-11 航磁数据库现状表

序号	大 类	子 类	填写内容
1	数据库基本情况	数据库名称	江苏省航磁数据库
		数据库主要内容	数据库数据项内容包括序列号、横坐标、纵坐标、线号、点号和场值 T 共 6 项
		数据库类型/形式（真正数据库、一般文件集合、数据库＋一般文件集合的混合形式或其他形式）	文件集合
		数据库主要格式	MS Access、Excel 格式
		数据库建库标准	无
		采用元数据标准	无
		数据量	包括不同年代完成的 13 个 1∶50 万、1∶20 万和 1∶5 万航磁测区，1∶50 万测区覆盖全省
		若为空间数据，其覆盖范围、比例尺、坐标参数（大地坐标系统、高程基准、地图椭球参数、地图投影类型）	基本覆盖江苏全省，比例尺 1∶50 万、1∶20 万、1∶5 万，采用 1954 年北京坐标系和 1985 年国家高程基准，采用高斯-克吕格投影类型
		数据密级（公开、秘密、机密、绝密）	机密
		数据库数据覆盖专业名称（若覆盖多种专业，则全部列出）	区域地球物理勘查
		数据库建设起止时间、负责人及主要技术人员	1∶20 万区域重力扫面数据库为 1998—2008 年完成，负责人：寇玉才，主要技术人员：王成栋等
		数据库维护历史记录、负责人及主要技术人员	无
		数据库更新方式（突击式、日常式，或从未更新）	未更新
		数据库数据或原始资料源头	地质矿产部航空物探遥感中心
		数据库管理具体单位（即归口管理单位）	江苏省地质调查研究院
		数据库存放具体单位（即物理存放单位）	江苏省地质调查研究院
		数据库的用户群（若有多种用户群，按重要层次列出）	内部授权使用
		数据库应用状况描述	主要用于本次矿产资源潜力评价、立项和科研等
		数据库存在的主要问题描述	无
		数据库其他情况描述	无

续表 3-11

序号	大类	子类	填写内容
2	数据库管理系统运行环境	数据库运行的硬件环境（服务器设备、网络设备、其他设备）	PIII 450 以上 PC 计算机，笔记本计算机；内存：128MB，显示器设置成 1024×768 分辨率 16 位以上彩色显示模式。外围设备：A3 打印机
		数据库运行的操作系统（包括操作系统名称、版本）	中国地质调查局发展研究中心研发的 RGIS 3.0 系统
		使用的数据库系统（包括数据库系统名称、版本）	Access 97，MS Excel
		与其他相关应用系统的关系	无
3	数据库管理系统体系结构	数据库管理系统的体系结构图（框图表示）	无
		数据库管理系统的高层流程图（高层数据流图、高层控制流图）	无
4	数据库管理系统功能	数据库管理系统的主要功能描述（逐一描述）	可实现数据管理检索查询：任意图元、标准图幅、屏幕方式、键盘输入、坐标文件输入及全区等检索，实现各类常规数据处理与分析
5	数据库概念模型	数据库概念模型（用 E-R 图描述）	无

第八节 遥感影像图数据库

一、数据库建设基本情况

遥感影像图数据库由中国国土资源航空物探遥感中心于 2002 年承担建设，于 2005 年完成并提交使用。数据由陆地卫星 ETM 图像制成，时间跨度 5 年。地理信息采用 1：5 万~1：10 万地形图三色合成，色彩鲜艳，地学信息丰富，图件按国家标准 1：25 万分幅编制，基本能满足本次工作需要。

二、数据库现状

江苏省遥感影像数据库来源于全国遥感影像图数据库。图件按国家标准 1：25 万分幅编制。江苏省及上海市范围共 17 幅（图 3-14）。数据库现状详见表 3-12。

图 3-14 江苏省 1:25 万遥感影像图接图表

表 3-12 遥感影像图数据库现状表

序号	大 类	子 类	填写内容
1	数据库基本情况	数据库名称	江苏省遥感影像图数据库
		数据库主要内容	江苏省 17 幅遥感影像图
		数据库类型/形式（真正数据库、一般文件集合、数据库＋一般文件集合的混合形式或其他形式）	影像图
		数据库主要格式	TIF 图像格式
		数据库建库标准	无
		采用元数据标准	无
		数据量	涉及 17 个 1:25 万标准图幅
		若为空间数据，其覆盖范围、比例尺、坐标参数（大地坐标系统、高程基准、地图椭球参数、地图投影类型）	覆盖江苏省和上海市，比例尺 1:25 万，投影平面直角坐标，1954 年北京坐标系，1956 年黄海高程系，高斯-克吕格投影类型
		数据密级（公开、秘密、机密、绝密）	机密
		数据库数据覆盖专业名称（若覆盖多种专业，则全部列出）	遥感影像

续表 3-12

序号	大类	子类	填写内容
1	数据库基本情况	数据库建设起止时间、负责人及主要技术人员	2002—2005 年
		数据库维护历史记录、负责人及主要技术人员	无
		数据库更新方式（突击式、日常式或从未更新）	无
		数据库数据或原始资料源头	中国国土资源航空物探遥感中心
		数据库管理具体单位（即归口管理单位）	江苏省地质调查研究院
		数据库存放具体单位（即物理存放单位）	江苏省地质调查研究院
		数据库的用户群（若有多种用户群，按重要层次列出）	内部授权使用
		数据库应用状况描述	主要用于本次矿产资源潜力评价、立项和科研等
		数据库存在的主要问题描述	无
		数据库其他情况描述	无
2	数据库管理系统运行环境	数据库运行的硬件环境（服务器设备、网络设备、其他设备）	无
		数据库运行的操作系统（包括操作系统名称、版本）	MS Windows XP
		使用的数据库系统（包括数据库系统名称、版本）	无
		与其他相关应用系统的关系	无
3	数据库管理系统体系结构	数据库管理系统的体系结构图（框图表示）	无
		数据库管理系统的高层流程图（高层数据流图、高层控制流图）	无
4	数据库管理系统功能	数据库管理系统的主要功能描述（逐一描述）	无
5	数据库概念模型	数据库概念模型（用 E-R 图描述）	无

第九节 区域地球化学数据库

一、数据库建设基本情况

江苏省地质矿产局区域地质调查大队于 1984 年 4 月开展 1∶20 万区域化探水系沉积物测量扫面工作，完成省域可采样区面积 8365 km² 的全省 1∶20 万区域化探数据库。数据库包括图幅信息表、化探主数据表、标样推荐值数据表、图幅内元素监控信息数据表、图幅内监控信息表、分析批次位置数据表、分析批次信息表、分析批次数据结构、样品监控综合信息数据 9 个结构表。

二、数据库现状

江苏省 1∶20 万化探数据库涉及徐州市幅、新沂市幅、临沂县幅、赣榆县幅、连云港市幅、盱眙县幅、南京市幅、扬州市幅、马鞍山幅、常州市幅、无锡市幅、苏州市幅、长兴县幅、宣城市幅 14 个图幅，形成 2428 个组合样品的 39 个元素(或氧化物)分析数据。数据库现状详见表 3-13。

表 3-13 区域地球化学数据库现状表

序号	大类	子类	填写内容
1	数据库基本情况	数据库名称	江苏省 1∶20 万区域地球化学数据库
		数据库主要内容	数据内容包含纬度、经度、图幅编号、样品号、分析序号、地层编码、各元素项等
		数据库类型/形式(真正数据库、一般文件集合、数据库+一般文件集合的混合形式或其他形式)	属性数据库
		数据库主要格式	MS Access 97 格式
		数据库建库标准	《区域化探全国扫面工作方法若干规定》(1985 年)；《GB 8567—88 计算机软件产品开发文件编制指南》
		采用元数据标准	无
		数据量	包括全省 14 个 1∶20 万图幅，总计省内测量面积 9160km^2，采样 24 303 件
		若为空间数据，其覆盖范围、比例尺、坐标参数(大地坐标系统、高程基准、地图椭球参数、地图投影类型)	覆盖全省，比例尺为 1∶20 万，投影平面直角坐标，1954 年北京坐标系，1956 年黄海高程系，高斯-克吕格投影类型
		数据密级(公开、秘密、机密、绝密)	秘密
		数据库数据覆盖专业名称(若覆盖多种专业，则全部列出)	区域地球化学
		数据库建设起止时间、负责人及主要技术人员	1998 年完成，负责人：何春林
		数据库维护历史记录、负责人及主要技术人员	2007 年前未进行维护
		数据库更新方式(突击式、日常式或从未更新)	根据实际工作需要进行更新
		数据库数据或原始资料源头	江苏省地质调查研究院
		数据库管理具体单位(即归口管理单位)	江苏省地质调查研究院
		数据库存放具体单位(即物理存放单位)	江苏省地质调查研究院
		数据库的用户群(若有多种用户群，按重要层次列出)	系统内部授权使用

续表 3-13

序号	大类	子类	填写内容
1	数据库基本情况	数据库应用状况描述	主要为地质找矿提供较为全面可靠的找矿信息以及为找到新的矿床提供线索,并为基础地质、区域地质、地球化学、成矿规律与成矿预测、环境地质与环境保护、农林、卫生保健等科学领域提供基础地球化学资料
		数据库存在的主要问题描述	无
		数据库其他情况描述	数据库中未包含后期新开展的化探资料
2	数据库管理系统运行环境	数据库运行的硬件环境(服务器设备、网络设备、其他设备)	最低 386 或 486 系列 PC 兼容机,VGA 或 TVGA 显示器,4MB 以上内存,100MB 以上的硬盘空间。HP 系列绘图仪,LQ-1600K 系列打印机
		数据库运行的操作系统(包括操作系统名称、版本)	数据库初建是 MS DOS 5.0 版,现更新为 MS WindowsXP 等
		使用的数据库系统(包括数据库系统名称、版本)	数据库初建是《省级区域化探数据库信息系统(PGD 1.0)》(地质矿产部勘查技术司等单位委托,辽宁省地质矿产局计算中心开发),目前已更新为《区域地球化学数据管理信息系统 Geo-MDIS》
		与其他相关应用系统的关系	无
3	数据库管理系统体系结构	数据库管理系统的体系结构图(框图表示)	无
		数据库管理系统的高层流程图(高层数据流图、高层控制流图)	无
4	数据库管理系统功能	数据库管理系统的主要功能描述(逐一描述)	(1)可管理 1:20 万区域化探组合样和 1:50 万区域化探单点样的多元素分析数据、测试质量信息以及元素间的相关信息。 (2)可供编制省内任意范围的各种地球化学图及相应的系列图、异常图,并为异常分类、解释评价提供依据。 (3)可为编制跨省区域的成矿区(带)及全国性的地球化学图提供可靠数据。 (4)可为其他领域提供地球化学资料。 (5)可随时向全国区域化探数据中心库报送区域化探数据
5	数据库概念模型	数据库概念模型(用 E-R 图描述)	见图 3-15

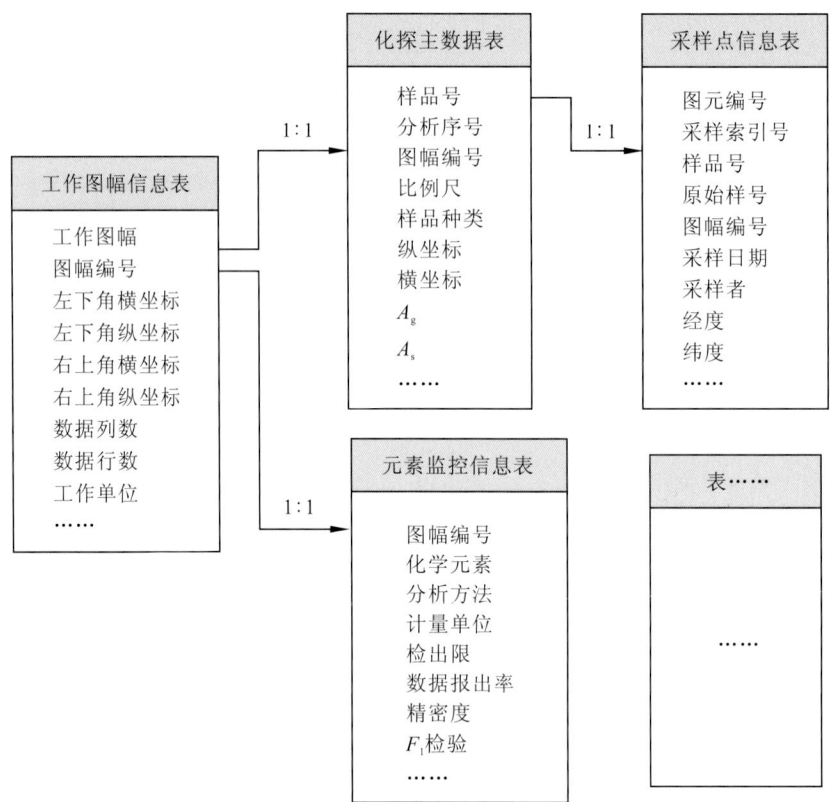

图 3-15　化探数据库 E-R 模型图

第十节　1∶25 万地理地图数据库

一、数据库建设基本情况

1∶25 万地理数据采用国家测绘局提供的 2002 年更新的最新数据库,该数据库由国家测绘局 1995 年组织,国家基础地理信息中心建立。2002 年国家测绘局组织人员对该数据库进行了更新,更新的基本资料有 1∶5 万卫星数字影像数据、全国主干交通网数据、1∶5 万地名数据、最新勘界成果,以及一些更新参考资料,如各省测绘局收集的现势资料,1∶1 万数据库成果,其他满足 1∶25 万数据库更新要求的资料、图件、图集等。更新内容涉及一些主要更新要素,如全部铁路、境界、省道及以上等级道路、乡镇及以上等级点状居民地、县级及以上等级真形居民地、五级及以上等级河流、大型工程设施等重要地物。一般更新要素如县乡级道路、行政村级点状居民地、乡镇级真形居民地、六级河流等。数据共分 9 类:政区、居民地、铁路、公路、水系、地貌、土地覆盖、其他要素、辅助要素,共 31 个图层。

二、数据库现状

江苏省 1∶25 万地理底图数据库来源于中国地质调查局,下发的数据是以度为单位的 MapGIS 格式的地理坐标系数据,江苏省共涉及 17 个图幅(表 3-14,图 3-16)。该数据库数据质量可靠,资料较新,进行整理维护后可作为矿产资源潜力评价项目的基础底图。

表 3-14　江苏省 1∶25 万地理底图数据库统计表

序号	图幅编号	图幅名称	序号	图幅编号	图幅名称
1	I50C001004	诸城县幅	10	I51C003001	盐城市幅
2	I50C002002	商丘市幅	11	I51C004001	南通市幅
3	I50C002003	徐州市幅	12	I51C004002	吕四镇幅
4	I50C002004	连云港市幅	13	H50C001003	合肥市幅
5	I50C003003	灵壁县幅	14	H50C001004	常州市幅
6	I50C003004	淮阴市幅	15	H51C001001	上海市幅
7	I50C004003	蚌埠市幅	16	H51C001002	川沙县幅
8	I50C004004	南京市幅	17	H51C002001	杭州市幅
9	I51C002001	滨海农场幅			

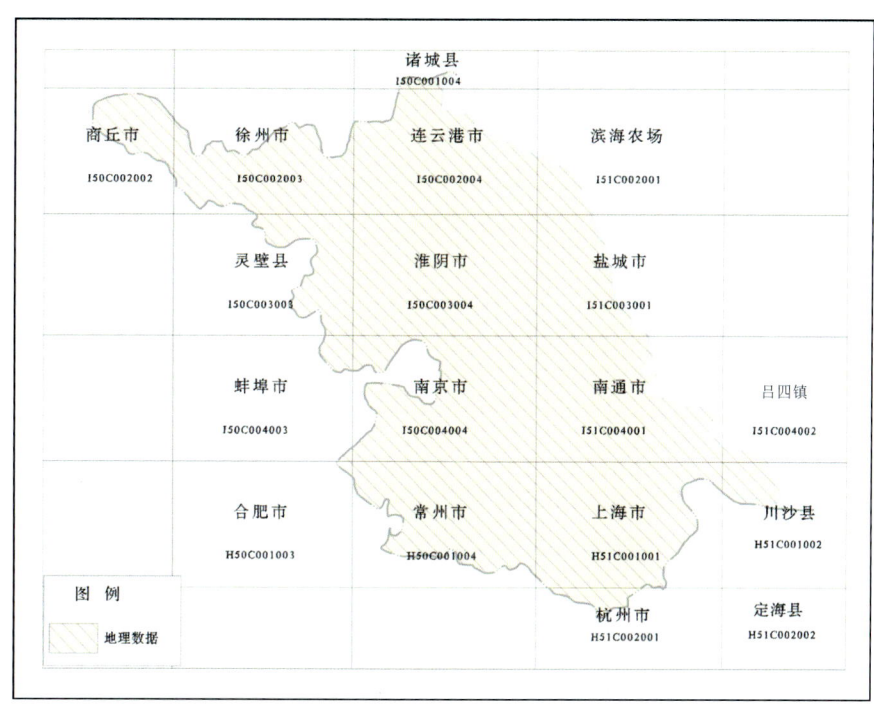

图 3-16　江苏省 1∶25 万地理底图接图表

综观上述江苏省 10 类数据库现状可见，数据库建设工作的启动，多集中在 20 世纪 90 年代末和 21 世纪初期，随着计算机技术的飞速发展壮大，以及我国国土数字的兴起，将江苏省多年积累的、庞杂的各类地质成果，实现了科学的、信息化的管理。随着大批数据库建设工作的开展和推进，已经完成了江苏省基础地学数据库以及相关专业地质图空间数据库建设任务，基本满足了江苏省地质矿产管理和调查评价工作的需要，初步形成地质矿产信息服务体系，为江苏省地质资料的科学管理、开发利用、信息共享及综合研究提供了数据源，更好地为矿产预测、资源与环境评价服务提供了支撑。同时，亦为江苏省地质调查研究院培养了一批技术过硬、训练有素的数据库建设和管理人才，为后期数据库的更新维护奠定了坚实的基础。

第四章 相关地学数据库更新与维护

本章详细介绍了江苏省及上海市矿产资源潜力评价开展过程中 5 大类基础地学数据库更新维护情况,对各类基础地学数据库的工作内容、工作方法及流程、完成的工作量、成果数据质量等方面进行了系统总结。

根据全国矿产资源潜力评价工作的统一部署和江苏省矿产资源潜力评价工作的实际需要,由江苏省及上海市矿产资源潜力评价综合信息集成专题组负责对江苏省已有的各类基础地学数据库进行数据整理和维护更新,尽可能地收集补充各种新的数据资料,最终形成可提取各类找矿信息的、符合各项技术标准的基础数据库。

根据各类基础地学数据库的特点,以数据库建设工作指南为基础,以矿产资源潜力评价《数据库维护工作技术要求》为指导,完成各类基础地质数据的维护,为江苏省矿产资源潜力评价工作提供基础数据支撑。

自 2008—2012 年,相继完成了江苏省工作程度数据库、矿产地数据库、自然重砂数据库、区域地球化学数据库、1∶20 万数字地质图数据库的更新和维护。

第一节 地质工作程度数据库

一、工作内容

江苏省地质工作程度数据库于 2002 年度由江苏省地质调查研究院建设完成,根据江苏省地质资料馆 1951—2000 年江苏省域范围内的地质调查(勘察)工作程度的资料,提交建库成果地质工作程度属性数据 1801 条记录,矿区工作量 1889 条记录,矿产地 1015 条记录,形成了 Access、MapGIS 和 ArcView 3 种格式的地质工作程度数据库。为了能提供更多、更新、更全面的地质工作程度数据,有效地配合江苏省矿产资源潜力评价工作的开展,2008 年中国地质调查局以"江苏省及上海市矿产资源潜力评价综合信息集成"专题,对江苏省已经入库的地质工作程度数据,首次提出更新和维护要求。维护依据主要是地质工作程度数据库工作指南及其维护技术要求。

2008 年度维护的内容包括:①对原数据库中的数据内容进行检查,形成数据质量检查监控表;②收集、整理江苏省 2000—2006 年以前各相关地质工作资料(国土资源大调查、资源补偿费矿产勘查、商业性地质勘查项目等),补充完善江苏省地质工作程度数据库。资料截至 2006 年 12 月。

二、工作方法及流程

1. 数据核查

以往地质工作程度数据库中的矿产地数据项,并未与矿产地数据库中的矿产地相联系。然而,在矿产地数据库中矿产地的相关信息却较为全面详尽,如果地质工作程度中的矿产地字段能与矿产地数据库建立起对应关系,不仅使两库之间不再孤立,亦能为资料使用、研究者提供丰富的地质矿产信息。

通过坐标经度、纬度和矿种3个条件,查询工作程度中矿产地图层中矿产地与矿产地数据库的对应关系,能相互匹配上的保存为一个文件;未能对应上的,另存为不匹配的文件,并利用地质工作程度数据库检查软件,形成 MapGIS 文件格式,并在 MapGIS 软件中,通过工作程度图形与矿产地投影点位对比,同时考虑矿种是否一致,找出与地质工作程度能相互匹配的矿产地。

2. 数据补充

维护工作步骤包括:资料收集、过滤,专业图层划分处理、属性数据采集和录入、属性数据检查、图层数据生成、矢量数据检查等若干环节。

通过查询江苏省地质资料馆的目录数据库,对资料筛选、过滤后,进行数据采集,划分专业图层,数据录入同时进行处理。有些资料不能满足本次建库需要时,如地理坐标、验收与否、项目来源等资料有缺失或不全面时,即要通过查阅地质报告、图件、附件等资料,进行必要的补充和完善。对地理坐标是3度带或6度带的,通过软件换算成统一的经纬度。对所形成的区域性基础地质属性 Access 数据,通过人工逐个字段、逐条记录的检查后,再利用检查软件对属性数据进行系统的质量检查,并生成 MapGIS 矢量图层文件,在 MapGIS 中检查区域性基础地质属性内容与行政区划的一致性,根据坐标投影及矿种情况,核实与矿产地数据是否对应得上,从而确定矿产地图层属性。此外,根据目录数据库及地质报告等资料,填写矿区工作情况表,即形成最新地质工作程度数据库。工作流程图见图 4-1。

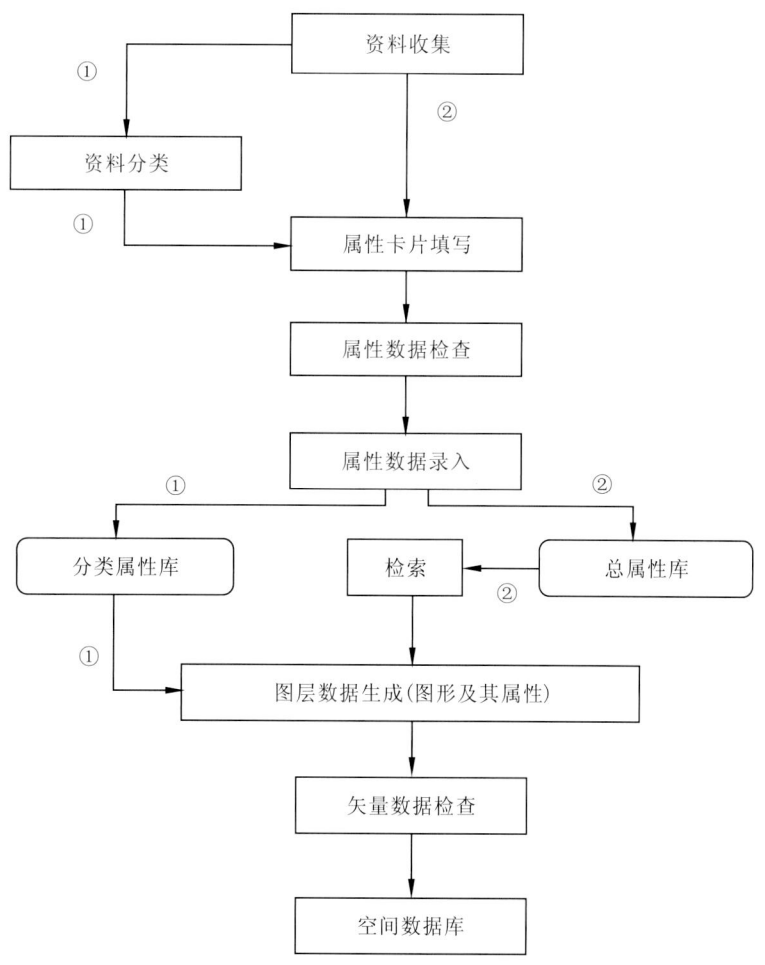

图 4-1 地质工作程度数据库维护工作流程图

图 4-1 工作流程图中示意的①和②表示两条可操作途径。其中①表示在开始资料收集整理过程中,先按地质工作专业种类及子类对资料进行分类,然后分别按类进行卡片填写、属性数据录入,此时建立的关系型属性数据库是分门别类的。在此基础上,生成图层数据和建立各类的空间数据库。②在开始环节,先不考虑资料的专业种类,对所收集资料均同步填卡和录入,并形成包含各专业的总属性库。

三、完成情况

截至 2012 年 12 月底,江苏省地质工作程度数据库维护取得成果:区域性基础地质属性 3869 条记录(其中新增 2068 条),矿区工作情况 3211 条记录,矿产地图层属性 643 条记录。

江苏省地质工作程度数据库具体维护情况详见表 4-1。

表 4-1 江苏省地质工作程度数据库维护情况表

序号	维护大类	维护子类	填写维护情况内容
1	数据库维护基本情况	数据库名称	江苏省地质工作程度数据库
		数据库维护主要内容	(1)对原数据库中的数据内容进行检查,形成数据质量检查监控表; (2)收集、整理江苏省 2011 年以前形成的相关地质工作资料(国土资源大调查、资源补偿费矿产勘查、商业性地质勘查项目等),补充完善江苏省地质工作程度数据库。资料截至 2011 年 12 月
		数据库维护技术要求	依据《全国地质工作程度数据库建设工作指南》(2006年 9 月修订)以及《数据库维护工作技术要求》(2006 年11 月)
		元数据维护情况	根据《地质信息元数据标准》(DD-2006-05)对数据库元数据进行了维护
		维护前数量	区域性基础地质属性 1801 条,矿区工作量 1889 条,矿产地记录 1015 条
		维护后数量	区域性基础地质属性 3869 条,矿区工作量 3211 条,矿产地记录 643 条
		新增数量	区域性基础地质属性 2068 条记录,矿区工作量 1322 条,矿产地 195 条(各年度维护工作量见表 4-2)
		若为空间数据,其覆盖范围、比例尺、坐标参数(大地坐标系统、高程基准、地图椭球参数、地图投影类型)	无
		数据库维护负责人及主要技术人员	负责人:尚培颖
		数据库维护资料来源	江苏省地质资料馆和江苏省地质调查研究院

续表 4-1

序号	维护大类	维护子类	填写维护情况内容
1	数据库维护基本情况	数据库维护存在的主要问题描述	(1)工作指南重新修订过,形成的成果与第一批成果有些差异,如用户 ID; (2)个别字段内容无法填写的问题仍然存在; (3)部分资料在划分专业图层时,存在模棱两可的情况,图层归属可能存在因人而异,甚至是因时而异的现象
		数据库其他情况描述	(1)矿产分类不够详细的问题多数得到解决; (2)后期维护提交的成果数据,只要求 Access 格式,与前期有些差异
2	数据库概念模型维护情况	数据库概念模型变化情况	无变化
3	数据库维护后地质工作程度略图	地质数据库附工作程度略图	以区域地质调查、矿产勘查两专业类型为例,见图 4-2、图 4-3
4	数据库维护工作流程	数据库维护工作流程框图	见图 4-1
5	数据库维护验收情况	数据库维护工作完成情况	按中国地质调查局要求,及时保质保量完成维护工作任务
		数据库维护工作验收情况	自 2008 年开始维护以来,提交的地质工作程度数据库维护成果,多次被中国地质调查局验收为优秀成果

表 4-2 2008—2012 年江苏省地质工作程度数据库维护实物工作量表

维护时间及名称	区域性基础地质属性（记录数）（条）	矿区工作情况（记录数）（条）	矿产地图层属性（记录数）（条）
2008 年下发库	1801	1889	438
2008 年新增	1846	1230	176
2009 年新增	86	41	23
2010 年新增	33	23	5
2011 年新增	78	0	0
2012 年新增	25	28	1
合　计	3869	3211	643

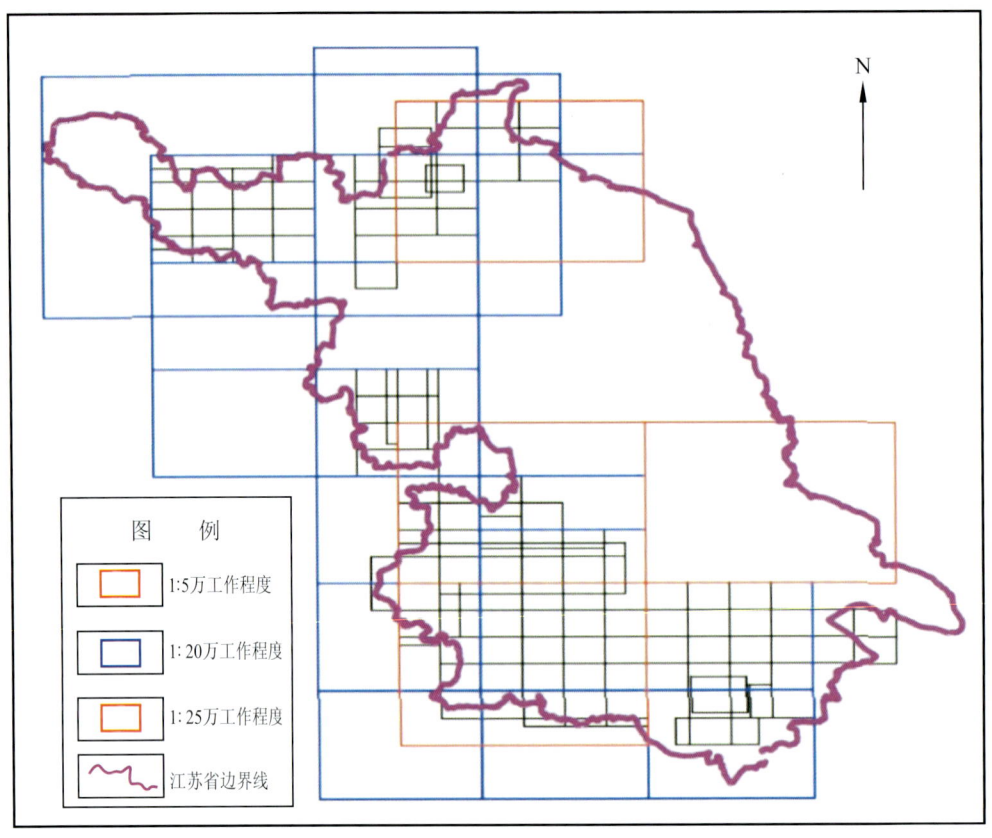

图 4-2 江苏省区域地质调查地质工作程度略图

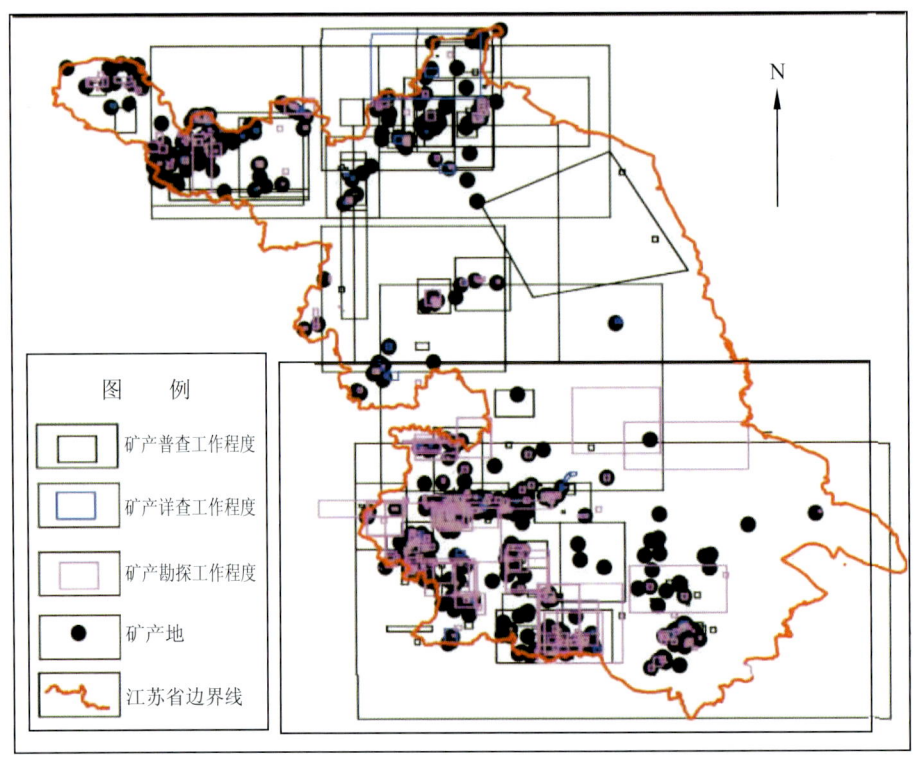

图 4-3 江苏省矿产勘查地质工作程度略图

第二节 矿产地数据库

一、工作内容

矿产地数据库的维护与上述地质工作程度数据库的维护基本同步,为了配合江苏省矿产资源潜力评价项目工作的顺利开展,2008年中国地质调查局以"江苏省及上海市矿产资源潜力评价综合信息集成"专题,对江苏省已经入库的709处矿产地,首次提出更新和维护要求。

按照《矿产地数据库建设工作指南》和相关技术要求,收集整理了江苏省未入库的矿产地数据库资料,江苏省与矿产资源潜力预测评价有关的矿种的大、中、小型矿床、矿点和矿化点信息(资料截至2006年底),根据江苏省1980—1986年的《江苏省地质通论》和《江苏省区域矿产总结》进行矿产汇总,以此为基础进行资料核查,参照后来开展的1∶5万区调资料进行数据补充。

数据库维护内容包括:①数据核查:对全国项目办下发的江苏省矿产地数据库进行了核查。首先核查了哪些矿产地是重复的、哪些矿产地是存在问题的。对每一条记录、每一字段进行浏览,对地理经度、地理纬度、矿产规模、矿床成因类型、储量等要加以特别关注。在"矿产地基本信息属性表"的"维护情况"字段中记录了维护说明。②补充新增矿产地:收集、整理、补充江苏省2006年12月底以前的省级铁矿产地数据资料。

二、工作方法及流程

1. 数据核查

对江苏省已经提交的矿产地数据库进行核查。对前几期矿产地数据库中数据表1数据进行汇总,核查哪些矿产地是重复的、哪些矿产地是存在问题的,等等。根据资料实际情况予以分析,做出合理解释并加以处理,对每次改动均作维护说明。

2. 数据补充

按照《矿产地数据库建设工作指南》及基础数据库维护要求,将江苏省地质资料馆中,2009年12月以前尚未入库的矿产地资料收集、整理、采集,补充到矿产地数据库中。

整个过程包括资料收集及整理、填写属性卡片、属性卡片检查审核、录入、形成最终成果5个阶段。

(1)资料收集。根据江苏省地质资料馆收录的矿点检查、普查、详查及勘探地质成果报告,筛选出符合建库要求的矿产地。

(2)属性卡片填写。按中国地质调查局颁发的《矿产地数据库建设工作指南》及国标标准和相关规范编制属性表。按照数据库文件中各数据项的填写要求,采集报告中相应数据项的内容,对需要填写代码的字段应准确无误地填写相应代码。卡片填写结束后,由专人进行检查、审核,并由填写卡片人员和检查人员签字。为了对地质报告的分析理解及数据处理更准确到位,项目组特聘请了从事多年地质矿产工作,有着丰富内、外业工作经验的地质矿产专业人员采集属性数据,严格把握数据采集质量。

(3)属性卡片检查。矿产地数据库工作是集资料的收集、筛选、过滤、整理、采集、录入、检查等于一体的工作过程。专家在采集过程中,严格地遵循:甲专家采集并自检—乙专家检查—甲专家再核查的流程进行,如有不同见解,双方互相沟通、交流,并达成共识,确保每一项数据尽可能地尊重原数据,达到真实、准确。

(4) 录入、检查。在矿产地数据库现有属性结构表的基础上,对照最新版《矿产地数据库建设工作指南》及维护要求,在各数据项表中采用添加新记录的方式进行录入。数据录入过程中,输入人员每录入一条记录,即对该记录的每一个字段内容进行自查;数据录入后,将所有记录全部打印出来,对照采集卡片,一一进行互检。特别要说明的是:对类似表2及表3个别字段,地质专业性较强的内容,录入数据必须要由地质专业人员检查,杜绝出现地质专业性错误。对存在的问题及时进行机内修改。

(5) 形成最终成果。将校对修改后的录入数据生成 MapGIS 明码格式,在 MapGIS 中添加省、市、县行政区划后,检查其矿产地坐标投影点位是否在所属的行政区划范围内,如有不符,则通过核实相关地质资料,加以修改。

坐标数据检查完成后,再利用矿产地数据库专用检查软件进行系统的逻辑性等检查,对存在的问题进行分析处理后,即形成最终的矿产地成果数据。维护工作流程图见图 4-4。

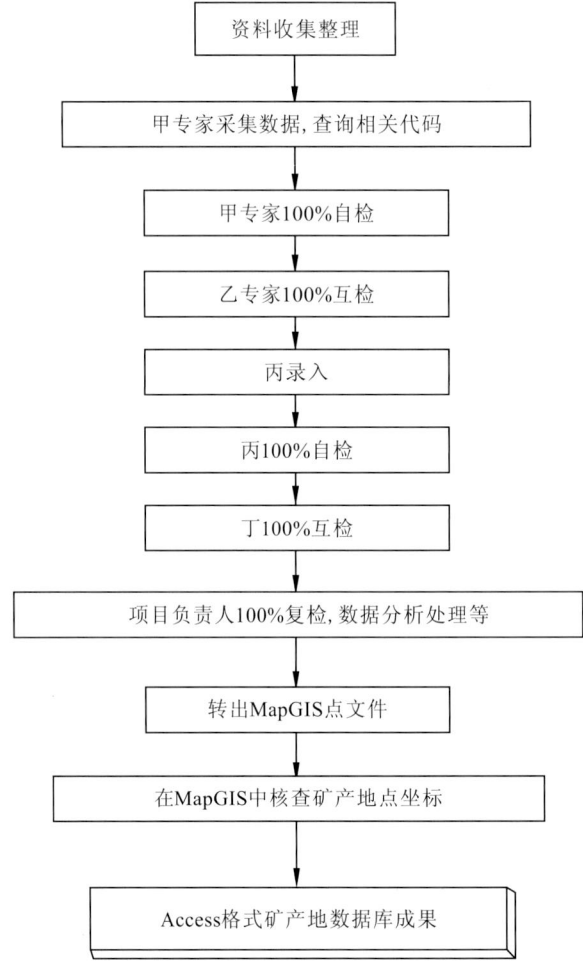

图 4-4 矿产地数据库维护工作流程图

三、完成情况

截至 2012 年底,江苏省矿产地数据库中,特大型矿产地有 20 处、大型有 94 处、中型 170 处、小型 267 处、矿点 477 处、矿化点 141 处。具体维护情况详见表 4-3。

表 4-3　江苏省矿产地数据库维护情况表

序号	维护大类	维护子类	填写维护情况内容
1	数据库维护基本情况	数据库名称	江苏省矿产地数据库
		数据库维护主要内容	（1）对已经提交的矿产地数据库数据，按照最新工作指南要求，进行更新维护；（2）配合江苏省矿产资源潜力评价矿种需要，收集、整理、补充，江苏省尚未入库以及近年来新产生的矿产勘查成果资料，进行补充入库
		数据库维护技术要求	依据《矿产地数据库建设工作指南》（2009年修订版）及数据库维护技术要求等相关标准
		元数据维护情况	根据《地质信息元数据标准》（DD-2006-05）对数据库元数据进行维护
		维护前数量	709处
		维护后数量	1253处（具体内容见表4-4）
		新增数量	544处
		若为空间数据，其覆盖范围、比例尺、坐标参数（大地坐标系统、高程基准、地图椭球参数、地图投影类型）	MapGIS格式为高斯投影和经纬度无投影数据。高斯投影坐标以毫米为单位，保持原图比例尺，经纬度无投影坐标选择秒为单位
		数据库维护负责人及主要技术人员	2008—2009年维护负责人：朱静苹 2010—2012年维护负责人：尚培颖 主要技术人员：夏嘉生、许鸿基
		数据库维护资料来源	江苏地质调查研究院资料室和江苏省地质资料馆
		数据库维护存在的主要问题描述	由于不同时期，地质报告的储量分级方式有所不同，使数据库的储量分类无法统一
		数据库其他情况描述	无
2	数据库概念模型维护情况	数据库概念模型变化情况	维护与建库方法一样，未变化
3	数据库维护后地质工作程度略图	地质数据库附工作程度略图	见图4-5
4	数据库维护工作流程	数据库维护工作流程框图	见图4-4
5	数据库维护验收情况	数据库维护工作完成情况	按中国地质调查局要求及时提交成果
		数据库维护工作验收情况	维护成果在中国地质调查局验收中多次被评为优秀级成果

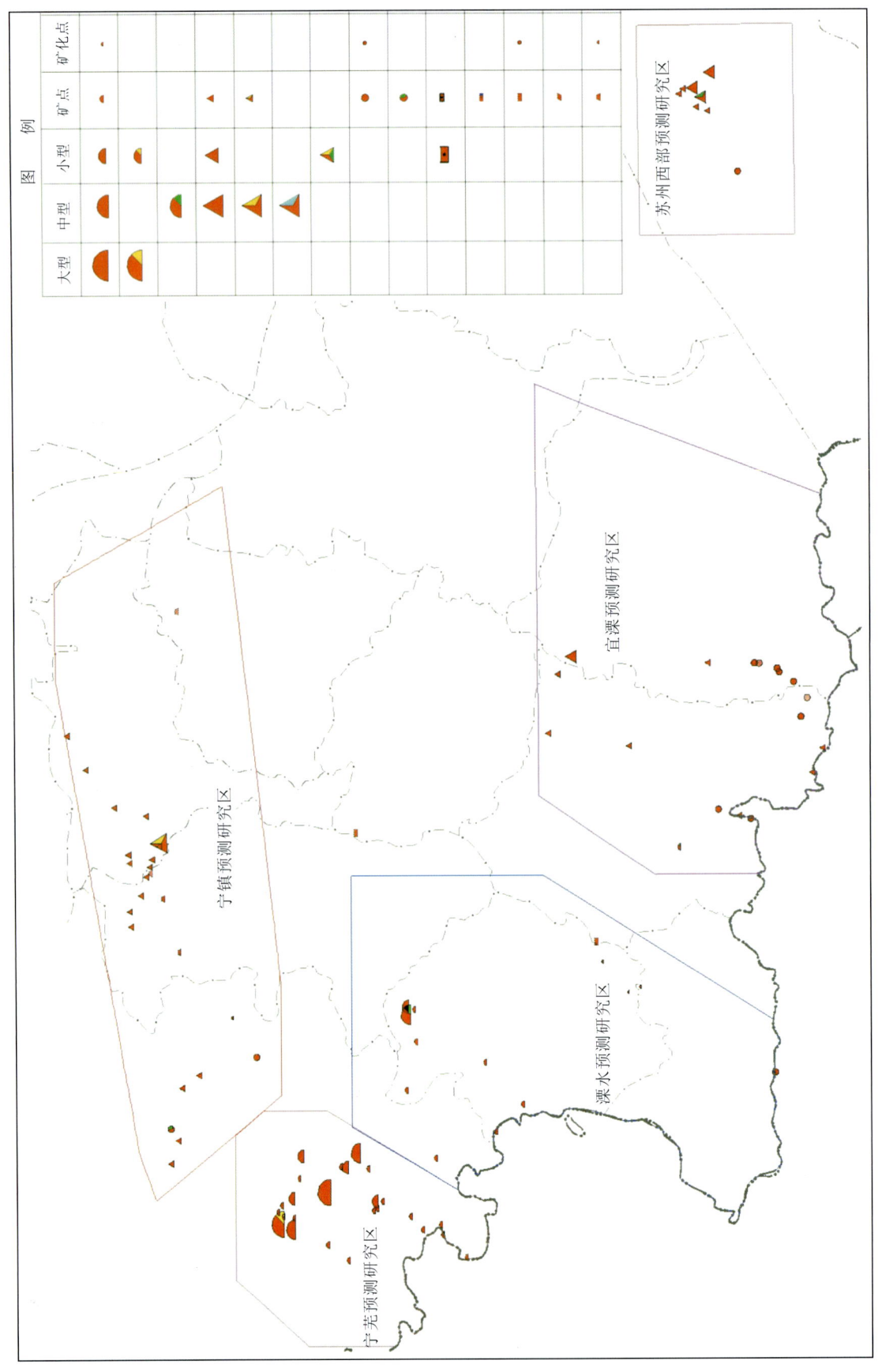

图 4-5 苏南部分预测区矿产地（铁矿）工作程度略图

表 4-4 江苏省矿产地数据库按矿床规模分类维护情况表

完成时间	矿床规模							矿产地数量（处）
	特大型（处）	大型（处）	中型（处）	小型（处）	矿点（处）	矿化点（处）	不详（处）	
2008年下发	14	56	113	98	238	128	44	691
2008年新增	0	16	30	110	232	6	26	420
2009年新增	1	2	7	23	6	0	0	39
2010年新增	3	16	5	14	1	3	0	42
2011年新增	2	3	10	17	0	3	3	38
2012年新增	0	1	5	5	0	1	11	23
合 计	20	94	170	267	477	141	84	1253

第三节 自然重砂数据库

一、工作内容

按照《自然重砂数据库建设工作指南》和全国重要矿产资源潜力预测评价项目《数据库维护工作技术要求》，对江苏省已经完成的1∶20万自然重砂数据库进行全面的数据核查和维护。在此基础上，补充1∶5万自然重砂数据采样点的数据进行入库，新入库数据严格按《自然重砂数据库建设工作指南》进行。

通过自然重砂数据库维护工作与基础地质背景研究组、区域成矿规律研究组、矿产预测组紧密协调，为推断解释自然重砂矿物来源、矿床可能产出范围，圈定预测区范围，估算矿床数、划分预测区级别、预测区资源量级别提供信息。

二、工作方法及流程

1. 数据核查

对江苏省自然重砂数据库数据进行核查。对不正常数据或不符合常理的数据（特大值、特小值、仅出现一次等），通过逻辑分析、原始资料核对等方式进行核查。

（1）核查内容。重点核查自然重砂样品基本信息表和自然重砂鉴定结果表中影响自然重砂异常计算的关键字段值。

（2）核查方法。按各表重要字段值核查最大值和最小值。对唯一极值和与自然重砂野外工作方法不符的数据，需要查阅相关原始文档进行核实，并填写核查日志。对数据项目缺失的按自然重砂数据补充要求补充数据。

2. 数据补充

（1）根据预测需要，补充在1：20万自然重砂数据库建设中还没有入库的江苏省1：5万自然重砂数据及1：20万自然重砂异常查证数据。新入库的数据严格按1：20万《自然重砂数据库建设工作指南》进行。

（2）对自然重砂数据库中缺失的重要字段数据（参与自然重砂异常计算的字段，如样品原始重量、自然重砂总重量、缩分后重量、矿物重部分鉴定结果等）进行补充。

样品原始重量：如果该图幅中只出现一种样品原始重量，则该图幅中样品原始重量全部使用该数值；如果该图幅中只出现两种或两种以上的样品原始重量，则根据地质路线情况进行赋值，简单的判断标准为连续野外编号赋同一值；如果该图幅中未出现一个样品原始重量，可查阅同时期的前后两个图幅的样品原始重量，该图幅中样品原始重量数值主要参考前一个图幅中的样品原始重量数值。

自然重砂总重量：在自然重砂总重量不可计算的情况下，如果该图幅中只出现一两种自然重砂总重量，且为整数，或该图幅中未出现自然重砂总重量，可参照样品原始重量赋值方法进行；如果该图幅中出现的自然重砂总重量数据无任何规律，可采用已有数据的平均数作为该样品的自然重砂总重量。

缩分后重量：在缩分后重量不可计算的情况下，可直接使用自然重砂总重量。

磁性、电磁性、重、轻部分重量：可分别采用该项已有数据的平均数作为该部分的重量。

凡是被补缺过的值，都要在备注栏中加以说明并填写日志。工作流程图见图4-6。

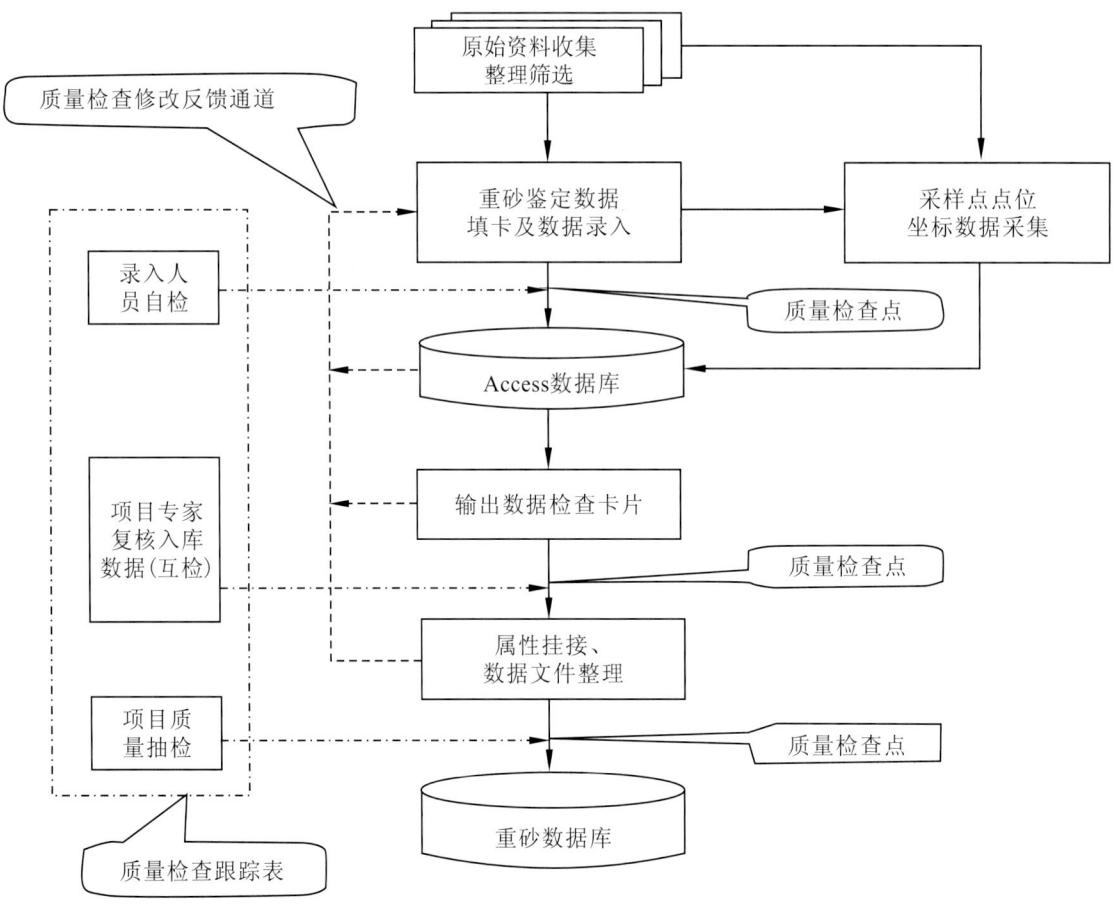

图4-6 自然重砂数据库维护工作流程图

三、完成情况

截至 2012 年底,对江苏省已经完成的 9 个标准图幅的 1∶20 万自然重砂数据库进行全面的数据核查和维护。在此基础上,补充了宁镇、宁芜、溧水、宜溧、徐州、东海 6 个地区,共 33 个 1∶5 万标准图幅自然重砂数据采样点的数据进行入库。自然重砂数据库维护情况详见表 4-5。

表 4-5 江苏省自然重砂数据库维护情况表

序号	维护大类	维护子类	填写维护情况内容
1	数据库维护基本情况	数据库名称	江苏省 1∶20 万自然重砂数据库
		数据库维护主要内容	(1)对江苏省已经完成的 9 个标准图幅的 1∶20 万自然重砂数据库进行全面的数据核查和维护; (2)补充宁镇、宁芜、溧水、宜溧、徐州、东海 6 个地区,共 33 个 1∶5 万标准图幅自然重砂数据入库
		数据库维护技术要求	《自然重砂数据库建设工作指南 2.0 版》(2001 年 6 月 1 日发布)、全国重要矿产资源潜力预测评价项目《数据库维护工作技术要求》(2006 年 11 月)
		元数据维护情况	以 1∶5 万或 1∶20 万标准图幅为单位,Access 格式建立元数据
		维护前数量	样品基本信息数:4457 件 样品鉴定结果数:52 296 个
		维护后数量	样品基本信息数:10 639 件 样品鉴定结果数:145 683 个
		新增数量	样品基本信息数:6182 件 样品鉴定结果数:93 387 个(具体新增数据量见表 4-6)
		若为空间数据,其覆盖范围、比例尺、坐标参数(大地坐标系统、高程基准、地图椭球参数、地图投影类型)	覆盖江苏省全省,采用地理坐标系统,用经纬度表示,以度为单位
		数据库维护负责人及主要技术人员	维护负责人:朱静苹 主要技术人员:尚培颖、许鸿基
		数据库维护资料来源	江苏省地质调查研究院资料室

续表 4-5

序号	维护大类	维护子类	填写维护情况内容
1	数据库维护基本情况	数据库维护存在的主要问题描述	江苏省 1:5 万区调自然重砂工作始于 20 世纪 70 年代，部分原始图件过于陈旧，破损比较严重，图件扫描后变形较大，必须严格校正图件误差，达不到精度需多次校正。故在数字化同时，将图幅中的主要方格网交叉点输入控制点，对图形进行校正。多数资料是 20 世纪 80 年代的工作成果，图件质量相对较好，精度可靠。由于收集到的资料是多期次的，样品实验分析数据亦为不同时期、不同项目所提交的，因此，矿物分析结果表达形式上存在一些差异。自然重砂数据取样点位图包括 1:5 万、1:2.5 万或 1:1 万地形图，不同地区甚至是同一地区也会出现使用不同比例尺的图件。 样品野外编号与采样点图上编号多数对应性较好，亦有部分编号，尚未能相互对应得上。 由于实际材料图纸质老化或折叠，个别采样点位模糊不清；或采样点标注时，未标注中心点位置，因此，数据采集较为困难，同时采集点位难免会产生偏差
		数据库其他情况描述	数据库建设是一项不断积累和更新的过程，有待今后工作中不断地进行补充、完善和维护
2	数据库概念模型维护情况	数据库概念模型变化情况	与建库过程一致，无变化
3	数据库维护后地质工作程度略图	地质数据库附工作程度略图	见图 4-7、图 4-8
4	数据库维护工作流程	数据库维护工作流程框图	见图 4-6
5	数据库维护验收情况	数据库维护工作完成情况	已完成维护工作
		数据库维护工作验收情况	在自然重砂专题成果中进行的验收

表 4-6 1∶5 万自然重砂完成的实物工作量一览表

地区名称	1∶5万图幅名称	图幅名缩写	图幅编号	样品基本信息数(条)	样品鉴定结果数(条)
宁镇	大港镇幅	DGZ	I50E023023	16	217
	江宁县幅	JNX	H50E001020	63	741
	孟河幅	MHF	I50E024024	2	29
	南京市幅	NJS	I50E024020	235	1547
	埠城幅	PCF	I50E024023	33	436
	上党幅	SDF	I50E024022	121	1297
	汤山镇幅	TSZ	I50E024021	301	3552
宁芜	江宁县幅	JNX	H50E001020	272	4208
	江宁镇幅	JNZ	H50E001019	344	5220
溧水	博望镇幅	BWZ	H50E003020	94	997
	溧水县幅	LSX	H50E003021	444	3210
	上沛埠幅	SPB	H50E004021	155	1387
	天王寺幅	TWS	H50E002021	34	322
	柘塘镇幅	ZTZ	H50E002020	6	88
宜溧	鼎蜀镇幅	DSZ	H50E005024	104	1741
	溧水县幅	LSX	H50E003021	127	1826
	山北幅	SBF	H50E006022	3	59
	流洞桥幅	LDQ	H50E006023	21	348
	社渚幅	SZF	H50E005022	245	4068
	徐舍镇幅	XSZ	H50E004023	22	376
	宜兴县幅	YXX	H50E004024	17	309
	张渚镇幅	ZZZ	H50E005023	309	5171
东海	阿湖镇幅	EHZ	I50E010019	246	4664
	陈家巡会幅	CJX	I50E008019	280	4467
	大埠幅	DBF	I50E008018	22	356
	双店幅	SDF	I50E009019	582	9953
	郯城县幅	TCX	I50E009018	140	2735
	新沂市幅	XYX	I50E010018	197	4001
徐州	大庙迁运幅	DMY	I50E011014	396	6651
	房村幅	FCF	I50E012014	41	646
	韩庄幅	HZF	I50E009014	87	1626
	贾汪幅	JWF	I50E010014	71	1281
	桃山集幅	TSJ	I50E012013	265	5361
	徐州市幅	XZS	I50E011013	852	14 136
	郑集幅	ZJF	I50E010013	1	8
合计	35 幅			6148	93 034

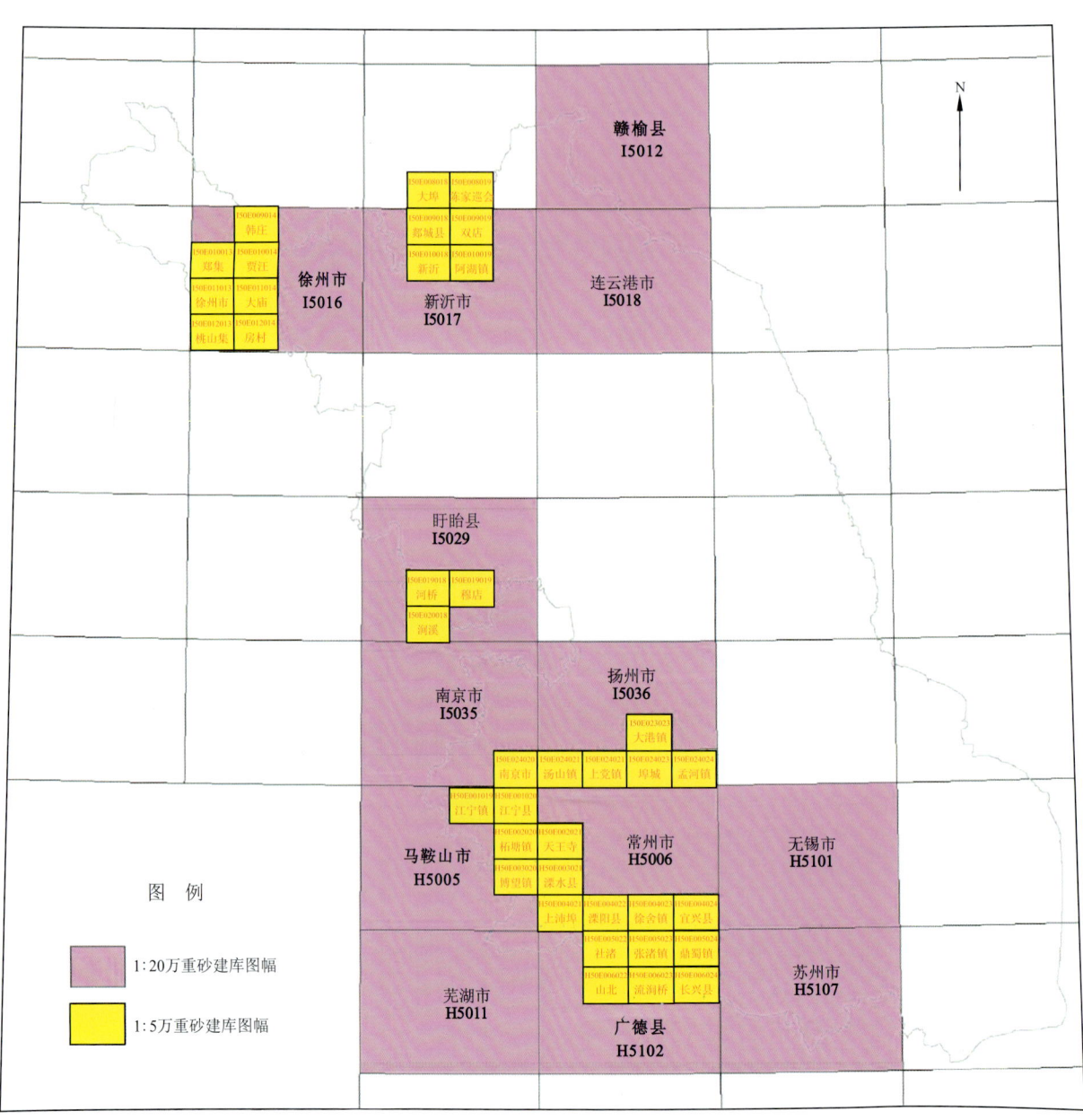

图4-7 自然重砂数据库工作程度略图(图幅分布)

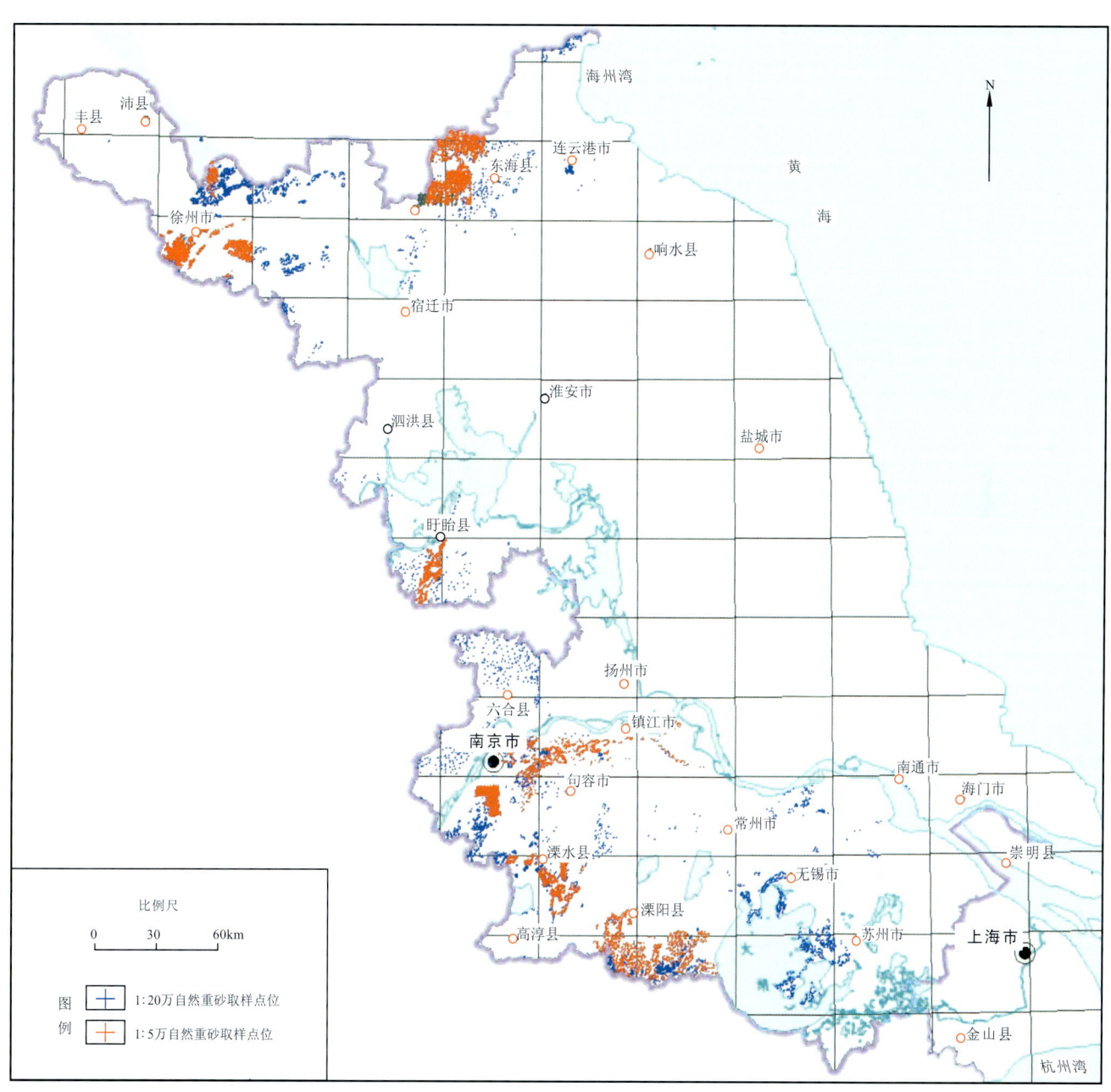

图4-8 自然重砂数据库工作程度略图(点位分布)

第四节 1∶20万数字地质图空间数据库

一、工作内容

主要内容是对江苏省已经完成的1∶20万数字地质图数据库进行图幅地形地理内容的补充,统一图式图例,图廓外的剖面图、柱状图的补充;并按《全国矿产资源潜力评价数据模型》要求对江苏省全部1∶20万地质图数据库按要求进行系统库的统一替换,为矿产资源潜力评价提供基础数据。

二、工作方法及流程

依据《地质图空间数据建设工作指南》和《1∶5万区域地质图空间数据库建设实施细则》对江苏省已完成的1∶20万地质图空间数据库进行检查和修改。由于江苏省在建库时有8个图幅进行了套改,因此将此8幅图"原汁原味"地重新进行了建库,未进行地层套改及修编的图幅以原地质图为准进行修改,包括对图幅地形地理内容的补充,统一图式图例的修正,图廓外的剖面图、柱状图的补充整饰,系统库的统一,即使用全国矿产资源潜力评价统一系统库对原地质图进行子图、线型和颜色的换库及修改。此外,对原MapGIS数据用现行的检查软件进行了数据质量检查及修改。工作流程见图4-9。

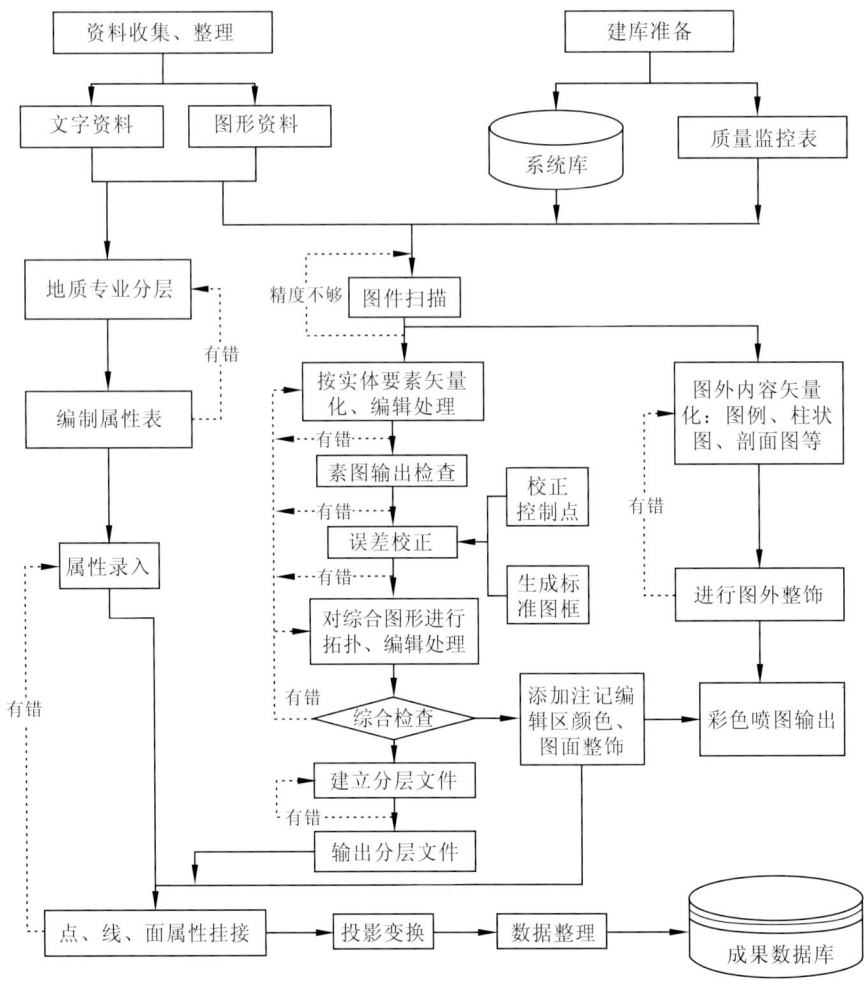

图4-9 1∶20万数字地质图空间数据库维护工作流程图

三、完成情况

完成了江苏省 14 幅 1:20 万地质图空间数据库的检查和修改,补充了图外柱状图和剖面图,并将系统库全部替换为矿产资源潜力评价统一系统库。对其中 8 幅套改图重新进行"原汁原味"的建库工作。具体维护情况详见表 4-7。

表 4-7 1:20 万数字地质图空间数据库维护情况表

序号	维护大类	维护子类	填写维护情况内容
1	数据库维护基本情况	数据库名称	1:20 万数字地质图空间数据库
		数据库维护主要内容	14 个图幅全部替换为矿产资源潜力评价统一系统库,补充图外柱状图和剖面图,对其中 8 幅套改图进行"原汁原味"重新建库工作
		数据库维护技术要求	依据中国地质调查局下发的《地质图空间数据库建设工作指南》(2011 版)
		元数据维护情况	根据数据库维护情况进行了维护
		维护前数量	14 幅
		维护后数量	14 幅
		新增数量	对南京市幅、扬州市幅、马鞍山幅、常州市幅、芜湖县幅、广德县幅、砀山县幅、灵璧县幅 8 幅图进行了重新建库,全省 14 幅图全部替换为矿产资源潜力评价统一系统库(见表 4-8)
		若为空间数据,其覆盖范围、比例尺、坐标参数(大地坐标系统、高程基准、地图椭球参数、地图投影类型)	基本覆盖全省;比例尺 1:20 万;MapGIS 格式为高斯投影和经纬度无投影数据。高斯投影坐标以毫米为单位(包括北京、西安两类),经纬度无投影坐标选择秒为单位
		数据库维护负责人及主要技术人员	朱静苹、尚培颖、许鸿基
		数据库维护资料来源	江苏省地质调查研究院资料室
		数据库维护存在的主要问题描述	图幅间无法进行接边处理,影响数据的使用
		数据库其他情况描述	无
2	数据库概念模型维护情况	数据库概念模型变化情况	无
3	数据库维护后地质工作程度略图	地质数据库附工作程度略图	见图 4-10
4	数据库维护工作流程	数据库维护工作流程框图	见图 4-9
5	数据库维护验收情况	数据库维护工作完成情况	已完成维护工作
		数据库维护工作验收情况	2010 年进行了验收,并获得通过

表 4-8 1∶20 万数字地质图空间数据库维护实物量表

序号	图幅名称	图幅编号	新增内容	备 注
1	盱眙县幅	I5029	补充图外柱状图和剖面图，统一系统库	
2	徐州市幅	I5016		
3	新沂市幅	I5017		
4	连云港市幅	I5018		
5	苏州市幅	H5013		
6	无锡市幅	H5101		
7	南京市幅	I5035	图面内容重新建库、统一系统库并补充图外柱状图和剖面图	套改 8 幅图
8	扬州市幅	I5036		
9	马鞍山市幅	H5005		
10	常州市幅	H5006		
11	芜湖市幅	H5011		
12	广德县幅	H5012		
13	砀山县幅	I5015		
14	灵璧县幅	I5022		

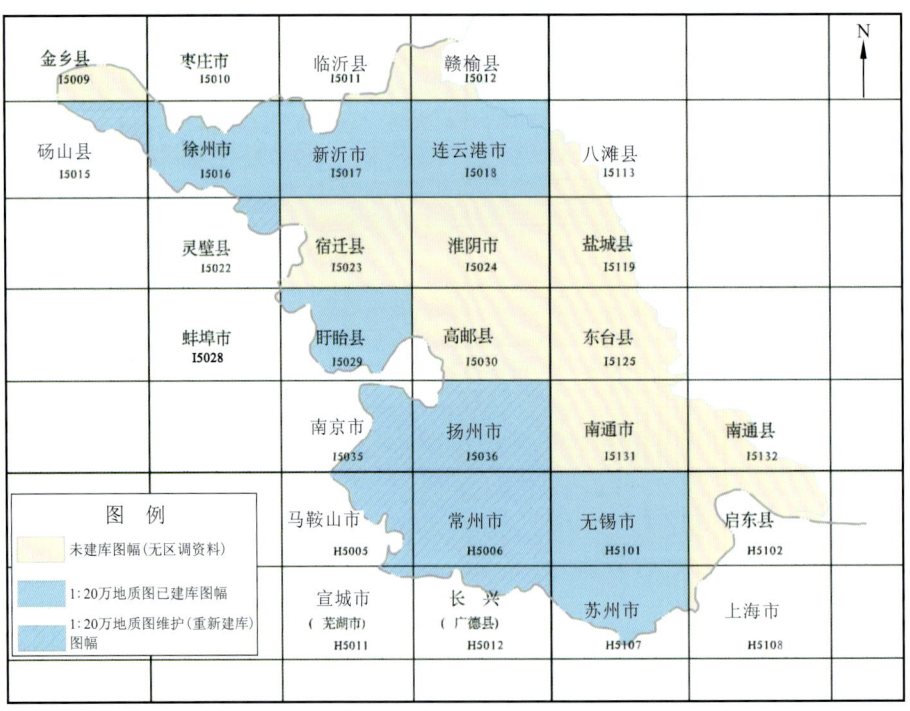

图 4-10 1∶20 万数字地质图空间数据库维护工作程度图

第五节 区域地球化学数据库

一、工作内容

区域地球化学数据库维护工作内容,一方面要检查已建数据库中存在部分数据点重叠、数据项错误,整理原数据库,对发现的错误进行修改、补充;另一方面要补充新一轮区域地球化学勘查工作所取得的最新资料,其中1∶5万地球化学数据库是"江苏省及上海市矿产资源潜力评价"中地球化学专题研究的一项重要内容,在地球化学研究前期,开展江苏省中大比例尺地球化学数据的收集,建立1∶5万地球化学数据库,为矿产预测提供地球化学方面的依据。

二、工作方法及流程

维护的数据主要由两大部分组成:一是1∶20万区域水系沉积物测量数据;二是补充1∶5万地球化学测量(及异常查证)数据。前者由于已通过专家验收,数据质量符合化探资料应用要求,仅需检查和修改。本次收集、整理、录入的中大比例尺数据进行如下预处理过程。

1. 数据的录入

充分收集1∶5万地球化学测量工作中的野外记录本、组合样品对照表、样品送样单、采样实际材料图、元素分析报告等原始资料。将采样实际材料图数字化,进行坐标读取,根据样品编号将坐标值与相应含量数据进行有效的连接,形成 Excel 格式数据。

2. 不定值数据的处理

1∶5万地球化学测量分析报告中部分元素含量采用半定量光谱分析。对于报告中不定值数据的处理,分析报告中出现的不定值"—""<""≤"及">""≥""≫"符号,分别采用元素报出下限的"1/4""1/2""3/4"及报出上限的"6/5""3/2""9/5"的值取代。

3. 数据格式化处理

若需对数据进行累加、累乘计算或因子分析等,则先对原始数据进行标准化处理,本次主要采用"数据标准化"。

4. 系统误差处理

对于空间区域存在明显台阶的数据要进行系统误差处理。
(1)按原始点位采用符号分级的方式生成元素的符号图,分级方法采用累计频率方式。
(2)通过校正图示窗浏览原始数据全图,确定具有明显的数据台阶区域,采用图形编辑工具,在图上直接圈定要处理的区域(用面的方式表示)。
(3)建立校正单元与处理数据表空间位置索引关系。
(4)确定各单元的校正值或校正系数,主要方法是与单元周边数据进行对比分析,部分规律性较复杂的单元可以通过统计规律确定,同时还需考虑地球化学分布的整体空间分布趋势和地质背景。
(5)数据校正,可采用 SQL 语言操作模式或应用软件系统提供的专用工具,按确定的校正值对各校正单元逐一进行计算。

(6)利用校正计算结果重新生成符号分级图。

(7)观察全图,对部分校正结果不理想的单元,可通过上述步骤,对单元和校正值进行调整,并重新计算,直到校正数据和成图效果符合全局规律为止。

工作流程见图4-11。

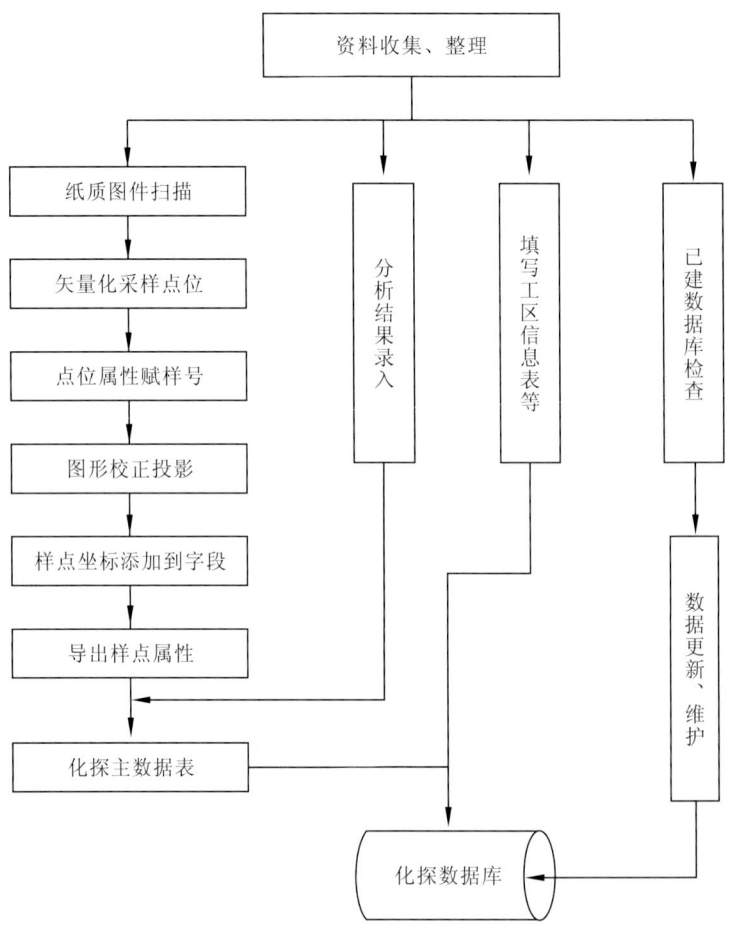

图4-11 区域地球化学数据库维护工作流程图

三、完成情况

(1)完成了已有1∶20万水系沉积物地球化学测量数据的检查和修改。

(2)新增江苏省及上海市覆盖区1∶25万多目标地球化学调查数据,共补充了5762件表层土壤分析数据,分析指标与1∶20万水系沉积物的39项分析一致。

(3)按照化探资料应用技术要求,本次化探工作基本完成区内已完成的所有1∶5万地球化学测量数据的收集、整理与建库(表4-9),基本涵盖了本次潜力评价确定的矿产预测类型预测工作区。共收集样品23 485件,分析数据计458 673个。

(4)按照化探资料应用技术要求,本次尽可能收集以往地球化学异常查证(或矿区)的大比例尺数据,主要包括漕塘、仑山、凤凰山、西山异常二级查证以及宁镇、宁芜重要铜、金多金属矿区测量(表4-9)。共收集样品31 096件,分析数据计266 492个。

表 4-9 江苏省地球化学测量数据收集、建库情况一览表

序号	工区	比例尺	样品数量(件)	分析指标
1	宁镇山脉	1:5万	4402	Au、As、Cd、Ba、Be、Co、Ni、Sb、Sn、Sr、Th、Ti、V、W、Mo、Ag、Cu、Pb、Zn、Bi、Hg、Cr、Mn(计23项)
2	宁芜地区	1:5万	2581	Ti、V、Zr、Ga、Sn、Cu、Pb、Zn、Co、Ni、Ag、Mo、Cr、Ba、Sr、Be、As、Nb、Y(计19项)
3	溧水地区	1:5万	7999	Mn、Ti、V、Zr、Ga、Sn、Cu、Pb、Zn、Co、Ni、Ag、Mo、Cr、Ba、Sr、Be、As、La、Y(计20项)
4	宜溧地区	1:5万	2430	Ag、As、Au、Bi、Cd、Hg、Mo、Sb、Sn、W、Ba、Co、Cr、Cu、Li、Mn、Ni、Pb、Sr、Ti、V、Zn、K_2O、Na_2O、Al_2O_3、Fe_2O_3、MgO、CaO(计28项)
5	东海西部	1:5万	1503	Cu、Pb、Zn、Mo、Cr、Ni、Co、Mn、Ti、Ag、Ba、Be、B、Sr、Zr、As(计16项)
6	江浦地区	1:5万	740	Cu、Pb、Zn、Sn、Mo、Ba、Sr、P、Li、As、Sb、Bi、Ge、Ag(计14项)
7	盘龙岗矿区	1:2.5万	95	Zn、Bi、As、Pb、Sb、Sn、Cd、W、Mo、Cu、Ag(计11项)
8	邳睢地区	1:5万	3830	Cu、Pb、Zn、Mo、As、Ba、Mn、Zr、Ga、Be、La、Y(计12项)
9	安基山矿区	1:2.5万	191	Mn、Ga、Sn、Cu、Pb、Zn、Co、Mo、Ba、Sr、As、Cd、Bi、Sb、Ge、Te(计16项)
10	栖霞山矿区	1:2.5万	77	Cu、Pb、Zn、Mo、Mn、Ag、As、Sb、Bi、Cd、Ga、Sn、Co、Sr、Ge、W、Tl(计17项)
11	汤山矿区	1:2.5万	313	Cu、Pb、Zn、Mo、Mn、Ag、As、Sb、B、Cd(计10项)
12	徐州利国	1:2万	1346	Mn、Ti、V、Zr、Ga、Sn、Cu、Pb、Zn、Co、Ni、Mo、Cr、Ba、Sr、Be(计16项)
13	徐州班井	1:2万	2186	Cu、Pb、Zn、Ag、Mo、As、Ni、Co、Cr、Ti、Ba、Mn、V、Sn、Zr、Ga、Sr、Be、Ge、La、Hg、Nb、Ce、Th、Sb、Y(计26项)
14	东海西部	1:2万	3029	Cu、Pb、Zn、Cr、Ni、Co、Mo、Ag、Bi、As、Ti、Mn、Ba、Be、Sr、Zr、B(计17项)
15	燕子口矿区	1:2万	1226	Au、Cu、Pb、Zn、Ag、As、Sb、Bi(计8项)
16	苏州西部	1:1万	11 626	Cu、Pb、Zn、Hg(计4项)
17	铜井矿区	1:1万	3710	Cu、Pb、Zn、Mn(计4项)
18	高淳漕塘	1:1万	824	Cd、Tl、Au、F、Cu、Pb、Zn、Mo、V、Ni、Ag、As、Ba、Be、Ge(计15项)
19	江宁天宝山	1:1万	4856	Cu、Pb、Zn、Mo(计4项)
20	仑山、凤凰山、西山	1:1万	1617	Ba、Be、Ce、Co、Cr、Cu、La、Ni、Pb、Sc、Sr、V、Y、Yb、Li、Zn、Au、Ag、Mo、As、Sb(计21项)

本次工作首次初步建立了江苏省中大比例尺地球化学数据库，有效地服务于江苏省及上海市矿产资源预测工作，较好地应用预测工作区、典型矿床、找矿靶区编图与研究，且为江苏省地球化学研究工作建立了一个很好的数据平台。江苏省区域地球化学数据库维护情况详见表 4-10。

表 4-10 区域地球化学数据库维护情况表

序号	维护大类	维护子类	填写维护情况内容
1	数据库维护基本情况	数据库名称	江苏省1∶20万区域地球化学调查数据库
		数据库维护主要内容	(1)对已经入库的1∶20万水系沉积物地球化学测量数据进行了检查,并对极值进行了核查; (2)补充江苏省及上海市覆盖区1∶25万多目标地球化学调查数据; (3)补充1∶5万水系沉积物(或土壤)地球化学数据库,以及区内已完成的所有1∶5万地球化学测量数据的收集、整理与建库,涉及的测区主要有宁镇、宁芜、溧水、宜溧、江浦、东海、邳睢等; (4)补充异常查证(或矿区)1∶1万~1∶2.5万土壤地球化学数据库,按照化探资料应用技术要求,尽可能收集以往地球化学异常查证(或矿区)的大比例尺数据
		数据库维护技术要求	《全国区域地球化学数据库维护技术要求》,并执行中国地质调查局《地球化学数据库工作指南》
		元数据维护情况	根据《地质信息元数据标准》(DD-2006-05)及最新数据库情况,进行元数据维护
		维护前数量	样品数:2428件,分析数据:94 692个
		维护后数量	样品数:62 771件,分析数据:1 044 575个
		新增数量	新增江苏省及上海市覆盖区1∶25万多目标地球化学调查数据,共补充了5762件表层土壤分析数据,1∶5万水系沉积物(或土壤)共收集样品23 485件,分析数据计458 673个。异常查证(或矿区)1∶1万~1∶2.5万土壤地球化学数据库,收集样品31 096件,分析数据计266 492个。维护时共收集样品60 343件,分析数据计949 883个
		若为空间数据,其覆盖范围、比例尺、坐标参数(大地坐标系统、高程基准、地图椭球参数、地图投影类型)	基本覆盖全省,参照华东片区及其省(市)成图比例尺及地图投影规定
		数据库维护负责人及主要技术人员	黄顺生、杨用彪、郭治东
		数据库维护资料来源	江苏省地质调查研究院资料室
		数据库维护存在的主要问题描述	岩石样品数据未入库;2009年以来远景调查项目开展1∶1万土壤地球化学测量数据因未验收未能入库
		数据库其他情况描述	无
2	数据库概念模型维护情况	数据库概念模型变化情况	无变化
3	数据库维护后地质工作程度略图	地质数据库附工作程度略图	见图4-12
4	数据库维护工作流程	数据库维护工作流程框图	见图4-11
5	数据库维护验收情况	数据库维护工作完成情况	已完成维护工作,初步建立江苏省中大比例尺地球化学基础数据库
		数据库维护工作验收情况	已在潜力评价化探资料应用,效果良好

图 4-12　江苏省区域地球化学数据库工作程度略图

第六节　数据质量综述

本次基础地学数据库维护的所有原始数据均经统一验收并修改完善，新补充的资料均为江苏省内验收汇交的成果资料，资料来源真实可靠，符合项目要求，可为建库使用。

为了保证各类基础地学数据库的更新维护质量，均按照中国地质调查局统一下发的建库工作指南和相关技术要求进行更新和维护，且都安排专业技术人员进行建库和质量检查，自检、互检率均为100%，最大限度地保证数据库的数据质量，为江苏省矿产资源潜力评价工作提供真实准确的基础数据。

由于数据库建设是一项不断积累和更新的过程，因此，有待今后工作中不断地进行补充、完善和持续地更新维护。

第五章　矿产资源潜力评价专题编图及属性库建设支撑

本章介绍了综合信息专题组在江苏省及上海市矿产资源潜力评价其他各专题软件的辅助应用、专题编图、属性库建设过程中的 GIS 技术支撑情况。

综合信息集成专题组的一项重要任务就是对其他专题组进行 GIS 技术支持,支撑完成各专题组成果编图及属性数据库建设,并完成最终成果数据库的规范整理。专题编图及属性库建设主要包括成矿地质背景图件、成矿规律及预测图件以及物探、化探、遥感、自然重砂专题图件数据库及对应的元数据建设。

第一节　工作内容

为了更好地为矿产资源潜力评价项目其他专题组提供技术支持,综合信息集成专题组必须及时提供各专题需要的基础数据,熟练掌握各专业应用软件及数据模型,并应用于矿产资源潜力评价中,主要包括以下几项工作。

(1)根据中国地质调查局发布的各数据库建设的最新建库指南和规范,针对性地对部分相关基础数据库进行更新与维护,使这些数据库尽量符合江苏省及上海市矿产资源潜力评价各专题组工作的需求。

(2)参加中国地质调查局举办的与本专题有关各种技术培训,掌握总项目推广应用的最新技术和软件操作系统,熟练处理地质、物探、化探、遥感等多学科、跨专业等数据库数据,为其他专题组提供切实的 GIS 技术支持。

(3)根据其他专题组的任务要求及工作进展情况,按照全国总项目组提供的数据模型,完成多源地学评价信息库的建设工作,为在 GIS 平台上进行矿产预测和潜在资源量估算的顺利实施,奠定良好的 GIS 数据基础。

(4)支撑专题组完成专题编图及属性库建设后,对各类成果资料进行最后的汇总,完成省级成果集成建库工作。

一、基础地学数据库支撑情况

综合信息专题组通过系统分析、整理、更新和维护江苏省相关基础地学数据库,实现了江苏省地质资料的全面信息化,便于今后工作中对成果数据查询检索和应用,为省级各专题组提供基础地质数据服务。

根据省级各专题组矿产资源潜力评价工作的实际需要,综合信息专题组按专业、矿种、工作区范围等不同的需求对已完善的基础地学数据库进行查询、检索、裁剪、投影转换、更换系统库等工作后,给各专题组提供准确的数据信息,为后期的编图及数据库的建设奠定了良好的基础。

提供服务的基础地学数据库主要包括以下 11 种:①地质工作程度数据库;②矿产地数据库;③自然重砂数据库;④1:20 万数字地质图数据库;⑤1:50 万数字地质图数据库;⑥区域重力数据库;⑦航磁数据库;⑧遥感影像数据库;⑨区域地球化学数据库;⑩地理底图数据库;⑪1:5 万区域地质图数据库(最新建设,直接提供使用)。

二、相关应用软件支撑情况

本次矿产资源潜力评价是全面、全过程应用 GIS 技术手段开展编图、建库、评价和预测工作，充分发挥软件的方便、快捷、标准化和规范性作用，大大提高了专业编图、建库的效率和质量，有力地支撑了各专题组相关工作，同时也促进了《全国矿产资源潜力评价数据模型》的深入应用。

在项目开展过程中，综合信息集成专题组参加相关培训学习，熟练掌握各专业软件的应用，为专题组提供软件应用技术支持。相关应用软件主要包括：MapGIS 软件、物探重磁电数据处理和资料解释软件、区域地球化学数据管理信息系统（GeoMDIS 2005）、多元地学空间数据管理与分析系统（GeoExpl）、遥感图像数据处理系统（RSMAP）、遥感信息提取辅助图像处理系统（RSIE）、全国矿产资源潜力评价数据模型应用软件（GeoMAG）、矿产资源潜力评价成果图件空间拓扑检查软件（GeoTOK）、元数据采集器等。

三、数据模型应用支撑情况

全国矿产资源潜力评价数据模型规范的内容共计 19 个分层，约 500 万字，是基于矿产资源潜力评价各专业工作技术要求编写完成，提供统一的全国矿产资源潜力评价数据模型要求，便于项目开展和成果验收参照统一标准执行。全国矿产资源潜力评价数据模型是各专题组进行图件编制和属性数据库建设的标准。

数据模型规范中详细描述了编图及建库过程中所引用的通用代码规定、专业谱系及特征分类代码规定、数据项下属词规定、年代地层及岩石地层单位代码规定、大地构造分区代码规定、成矿区带分区代码规定、图件表达的空间坐标系及其参数规定、基础地理信息数据表结构定义及图层命名规定、元数据填写及提交规定等。

按照《全国矿产资源潜力评价数据模型》的规定，进行各专题图件的编制，并根据"一图一库"的原则，建设专题属性库，实现了全国项目组提出的"全面、全过程应用 GIS 技术"及"统一标准"的工作原则和技术路线。

第二节 工作方法和流程

根据江苏省及上海市矿产资源潜力评价工作的任务要求，进行了地质、物探、化探、遥感、矿产预测等应用软件及数据模型学习，掌握了属性填写规定，支撑省级项目中各专题组进行成果图件的属性数据库建设和规范整理工作。专题属性库建设具体工作流程如下。

1. 底图编辑处理

根据矿产资源潜力评价数据模型中规定分层进行标准分层整理，利用全国项目组开发的 GeoTOK 软件进行空间数据拓扑错误检查，如不符合要求则需反复修改直至符合省级矿产资源潜力评价各类图件图层空间拓扑要求。

2. 建立专业图层属性结构

根据数据模型中规定的各专题图库数据表，利用数据模型软件 GeoMAG 的"生成图件结构"功能自动生成对应各专题图件属性结构，以及数据模型软件的"转出图元属性"功能转出各图层属性结构的 Excel 表格，各数据项为中文描述，方便专业人员填写属性内容，同时省去了手工执行数据模型规范的繁琐而枯燥的工作，提高了效率，既规范也不易出错。

3. 进行属性表挂接

各专业组完成图件编制及属性内容填写后,利用数据模型软件的"转入图元属性"功能挂接各图层属性内容。当然,有些专业组习惯直接在 MapGIS 中建立属性结构录入各图元属性内容。

4. 依据数据模型编制标识码

图件规范前要对江苏省典型矿床及预测工作区、矿产预测类型进行统一编码,便于对每一个典型矿床及预测工作区进行唯一标识。江苏省典型矿床矿区编码如表 5-1 所示,矿产预测类型编码如表 5-2 所示,预测工作区编码如表 5-3 所示。

表 5-1 江苏省典型矿床矿区编码表

序号	典型矿床	典型矿床矿区代码(使用 6 位详细行政区码+4 位顺序码)	典型矿床矿区代码(使用 6 位省级行政码+4 位顺序码)	典型矿床所属的矿种(组)
1	东岗铁矿	3201240146	3200000146	铁
2	凤凰山铁矿	3201210031	3200000031	铁
3	吉山铁矿	3201210032	3200000032	铁
4	龙旗山铁矿	3201210505	3200000505	铁
5	梅山铁矿	3201210023	3200000023	铁
6	墓山铁矿	3203230224	3200000224	铁
7	麒麟山铁矿	3201210033	3200000033	铁
8	谈家桥铁矿	3205860363	3200000363	铁
9	王浩铁矿	3206840400	3200000400	铁
10	韦岗铁矿	3211000447	3200000447	铁
11	冶山铁矿	3201230107	3200000107	铁
12	中巷铁矿	3204810334	3200000334	铁
13	铜井铜矿	3201210074	3200000074	铜、金
14	安基山铜矿	3201210026	3200000026	铜
15	盘龙岗铜矿	3211830479	3200000479	铜
16	獾子洞铜金矿	3201210523	3200000523	铜
17	张堰铜铁矿	3201160506	3200000506	铜
18	栖霞山铅锌银矿	3201130018	3200000018	铅锌
19	观山铜铅矿	3201240140	3200000140	铅锌
20	吴宅铅锌银矿	3205240365	3200000365	铅锌

续表 5-1

序号	典型矿床	典型矿床矿区代码(使用6位详细行政区码＋4位顺序码)	典型矿床矿区代码(使用6位省级行政码＋4位顺序码)	典型矿床所属的矿种(组)
21	南京金矿	3201210027	3200000027	金
22	平山头金矿	3201130013	3200000013	金
23	金驹山金矿	3201240122	3200000122	金
24	燕子口金矿	3201210507	3200000507	金
25	土包山金矿	3204230324	3200000324	金
26	锦屏磷矿	3207000401	3200000401	磷
27	泰山磷矿	3201210020	3200000020	磷
28	焦家式金矿	3711000001	3700000001	金
29	潭山硫铁矿	3205010524	3200000524	硫铁矿
30	云台山硫铁矿	3201210525	3200000525	硫铁矿
31	岔路口硫铁矿	3201020526	3200000526	硫铁矿
32	谏壁钼(钨)矿	3211210527	3200000527	钼(钨)
33	铜山钼铜矿	3211820528	3200000528	钼铜
34	栖霞山银矿	3201130018	3200000018	银矿
35	吴宅银矿	3205860365	3200000365	银矿
36	苏州萤石矿	3205010371	3200000371	萤石矿

表 5-2 江苏省矿产预测类型编码表

序号	预测矿种(组)	矿产预测类型	矿产预测类型代码	预测方法类型
1	铁矿	宁芜式陆相火山岩型铁矿	3201401	火山岩型
2	铁矿	鞍山式沉积变质型铁矿	3201301	变质型
3	铁矿	利国式矽卡岩型铁矿	3201201	侵入岩体型
4	铁矿	王浩式矽卡岩型铁矿	3201202	侵入岩体型
5	铁矿	冶山式矽卡岩型铁矿	3201203	侵入岩体型
6	铁矿	韦岗式矽卡岩型铁矿	3201204	侵入岩体型
7	铁矿	谈家桥式矽卡岩型铁矿	3201205	侵入岩体型
8	铜-金(宁芜)	铜井式陆相火山岩型铜金矿	3204401	火山岩型

续表 5-2

序号	预测矿种（组）	矿产预测类型	矿产预测类型代码	预测方法类型
9	铜-铁-金-锌	金山式矽卡岩型铜矿	3204201	侵入岩体型
10	铜-铅-锌	安基山式矽卡岩型斑岩型铜矿	3204202	侵入岩体型
11	铜-金	獾子洞式层控矽卡岩型铜金矿	3204501	层控内生型
12	铅锌-铜-金	五部式陆相火山岩型铅锌矿	3205401	火山岩型
13	铅锌	栖霞山式碳酸盐岩型铅锌矿	3205601	复合内生型
14	铅锌-铜	吴宅式层控矽卡岩型铅锌矿	3205502	层控内生型
15	金-铜（溧水）	铜井式陆相火山岩型铜金矿	3211401	火山岩型
16	金矿	侵入岩体内及接触带型金矿	3211201	侵入岩体型
17	金矿	汤山式卡林型金矿	3211601	复合内生型
18	金矿	新桥式铁帽型金矿	3211602	复合内生型
19	金矿	焦家式破碎蚀变岩型金矿	3211603	复合内生型
20	金矿	破碎蚀变岩型金矿	3211604	复合内生型
21	磷矿	玢岩式晚期岩浆岩型磷矿	3218401	火山岩型
22	磷矿	海州式沉积变质型磷矿	3218301	变质型
23	硫铁矿	宁芜云台山式陆相火山岩型硫铁矿	3219401	火山岩型
24	硫铁矿	溧水云台山式陆相火山岩型硫铁矿	3219401	火山岩型
25	硫铁矿	宁镇铜陵式矽卡岩型（岩浆热液型）硫铁矿	3219202	侵入岩体型
26	硫铁矿	苏州西部铜陵式矽卡岩型硫铁矿	3219202	侵入岩体型
27	钼矿	宁镇谏壁式斑岩型钼（钨）矿	3201201	侵入岩体型
28	钼矿	盱眙谏壁式斑岩型钼矿	3201201	侵入岩体型
29	钼矿	宁镇铜山式矽卡岩型铜钼矿	3201202	侵入岩体型
30	银矿	宁镇栖霞山式碳酸盐岩型铅锌银矿	3212501	层控内生型
31	银矿	苏州西部吴宅式层控矽卡岩型铅锌银矿	3212502	层控内生型
32	萤石矿	苏州西部俞石泉式热液充填型萤石矿	3222201	侵入岩体型

表 5-3 江苏省预测工作区编码表

序号	预测矿种（组）	预测工作区	预测工作区代码	矿产预测类型
1	铁矿	江苏省宁芜地区宁芜式陆相火山岩型铁矿预测工作区	3201401001	宁芜式陆相火山岩型铁矿
2	铁矿	江苏省溧水地区宁芜式陆相火山岩型铁矿预测工作区	3201401002	宁芜式陆相火山岩型铁矿
3	铁矿	江苏省丰沛地区鞍山式沉积变质型铁矿预测工作区	3201301001	鞍山式沉积变质型铁矿
4	铁矿	江苏省东海—新沂地区鞍山式沉积变质型铁矿预测工作区	3201301002	鞍山式沉积变质型铁矿
5	铁矿	江苏省丰沛地区利国式矽卡岩型铁矿预测工作区	3201201001	利国式矽卡岩型铁矿
6	铁矿	江苏省徐州—利国地区利国式矽卡岩型铁矿预测工作区	3201201002	利国式矽卡岩型铁矿
7	铁矿	江苏省南通地区王浩式矽卡岩型铁矿预测工作区	3201202001	王浩式矽卡岩型铁矿
8	铁矿	江苏省盱眙地区冶山式矽卡岩型铁矿预测工作区	3201203001	冶山式矽卡岩型铁矿
9	铁矿	江苏省六合地区冶山式矽卡岩型铁矿预测工作区	3201203002	冶山式矽卡岩型铁矿
10	铁矿	江苏省宁镇地区韦岗式矽卡岩型铁矿预测工作区	3201204001	韦岗式矽卡岩型铁矿
11	铁矿	江苏省宜溧地区韦岗式矽卡岩型铁矿预测工作区	3201204002	韦岗式矽卡岩型铁矿
12	铁矿	江苏省苏州西部地区谈家桥式矽卡岩型铁矿预测工作区	3201205001	谈家桥式矽卡岩型铁矿
13	铜-金	江苏省宁芜地区铜井式陆相火山岩型铜金矿预测工作区	3204401001	铜井式陆相火山岩型铜金矿
14	铜-铁-金-锌	上海金山地区金山式矽卡岩型铜矿预测工作区	3204201001	金山式矽卡岩型铜矿
15	铜（铅-锌）	江苏省宁镇地区安基山式矽卡岩型斑岩型铜矿预测工作区	3204202001	安基山式矽卡岩型斑岩型铜矿
16	铜-铅-锌	江苏省宜溧地区安基山式矽卡岩型斑岩型铜矿预测工作区	3204202002	安基山式矽卡岩型斑岩型铜矿
17	铜-金	江苏省溧水地区獐子洞式层控矽卡岩型铜金预测工作区	3204501001	獐子洞式层控矽卡岩型铜金矿
18	铅-锌-铜-金	江苏省溧水地区五部式陆相火山岩型铅锌矿预测工作区	3205401001	五部式陆相火山岩型铅锌矿
19	铅-锌	江苏省宁镇地区栖霞山式碳酸盐岩型铅锌矿预测工作区	3205601001	栖霞山式碳酸盐岩型铅锌矿
20	铅-锌-铜	江苏省宜溧地区吴宅式层控矽卡岩型铅锌矿预测工作区	3205502001	吴宅式层控矽卡岩型铅锌矿
21	铅-锌-铜	江苏省苏州西部地区吴宅式层控矽卡岩型铅锌矿预测工作区	3205502002	吴宅式层控矽卡岩型铅锌矿
22	金-铜	江苏省溧水地区铜井式陆相火山岩型铜金矿预测工作区	3211401001	铜井式陆相火山岩型铜金矿

续表 5-3

序号	预测矿种（组）	预测工作区	预测工作区代码	矿产预测类型
23	金矿	江苏省宜溧地区侵入岩体内及接触带型金矿预测工作区	3211201001	侵入岩体内及接触带型金矿
24	金矿	江苏省宁镇地区汤山式卡林型金矿预测工作区	3211601001	汤山式卡林型金矿
25	金矿	江苏省宁镇地区新桥式铁帽型金矿预测工作区	3211602001	新桥式铁帽型金矿
26	金矿	江苏省宜溧地区新桥式铁帽型金矿预测工作区	3211602002	新桥式铁帽型金矿
27	金矿	江苏省徐州—利国地区焦家式破碎蚀变岩型金矿预测工作区	3211603001	焦家式破碎蚀变岩型金矿
28	金矿	江苏省东海—新沂地区焦家式破碎蚀变岩型金矿预测工作区	3211603002	焦家式破碎蚀变岩型金矿
29	金矿	江苏省溧水地区破碎蚀变岩型金矿预测工作区	3211604001	破碎蚀变岩型金矿
30	磷矿	江苏省宁芜地区玢岩式晚期岩浆岩型磷矿预测工作区	3218401001	玢岩式晚期岩浆岩型磷矿
31	磷矿	江苏省连云港—泗洪地区海州式沉积变质型磷矿预测工作区	3218301001	海州式沉积变质型磷矿
32	硫铁矿	江苏省宁芜云台山式陆相火山岩型硫铁矿预测工作区	3219401001	宁芜云台山式陆相火山岩型硫铁矿
33	硫铁矿	江苏省溧水云台山式陆相火山岩型硫铁矿预测工作区	3219401002	溧水云台山式陆相火山岩型硫铁矿
34	硫铁矿	江苏省宁镇铜陵式矽卡岩型（岩浆热液型）硫铁矿预测工作区	3219202001	宁镇铜陵式矽卡岩型（岩浆热液型）硫铁矿
35	硫铁矿	江苏省苏州西部铜陵式矽卡岩型硫铁矿预测工作区	3219202002	苏州西部铜陵式矽卡岩型硫铁矿
36	钼矿	江苏省宁镇谏壁式斑岩型钼（钨）矿预测工作区	3210201001	宁镇谏壁式斑岩型钼（钨）矿
37	钼矿	江苏省盱眙谏壁式斑岩型钼矿预测工作区	3210201002	盱眙谏壁式斑岩型钼矿
38	钼矿	江苏省宁镇铜山式矽卡岩型铜钼矿预测工作区	3210202001	宁镇铜山式矽卡岩型铜钼矿
39	银矿	江苏省宁镇栖霞山式碳酸盐岩型铅锌银矿预测工作区	3212501001	宁镇栖霞山式碳酸盐岩型铅锌银矿
40	银矿	江苏省苏州西部吴宅式层控矽卡岩型铅锌银矿预测工作区	3212502002	苏州西部吴宅式层控矽卡岩型铅锌银矿
41	萤石矿	江苏省苏州西部俞石泉式热液充填型萤石矿预测工作区	3222201001	苏州西部俞石泉式热液充填型萤石矿

5. 利用 GeoMAG 软件规范图件结构

为确保提交的成果图库的椭球类型和投影参数及图件命名、图层命名、属性结构符合《全国矿产资源潜力评价数据模型规范》，需要对提交的图件进行规范整理，把较不符合数据模型规范的图件规范到符合《全国矿产资源潜力评价数据模型规范》，避免前功尽弃，减少返工。预测工作区图件规范时，其中典型矿床代码、矿产预测类型顺序码、预测工作区顺序码一定要使用江苏省已经编好的代码，如表 5-1、表 5-2、表 5-3 所示。

6. 检查图件数据库

为确保图件数据库质量，完成图件规范后需要进行图件数据检查，主要从图件结构、图层结构、属性结构、属性值域等方面进行检查。利用 GeoMAG 软件"图件辅助工具"菜单"检查图件数据"功能对"图件结构""属性结构""属性值域"进行检查，检查结果在 Excel 表中，对照问题进行修改，直至消除全部错误。

7. 编写元数据

利用中国地质调查局下发的"元数据采集器"，参考"地质信息元数据标准"和"全国矿产资源潜力评价元数据模板"，对每个数据库填写对应的元数据。保存形式为：.TXT 和 .XML 两种形式。

按照数据模型要求，在项目进展过程中，综合信息集成专题组全程跟踪项目开展，确保各专题组数据库建设的质量。工作流程如图 5-1 所示。

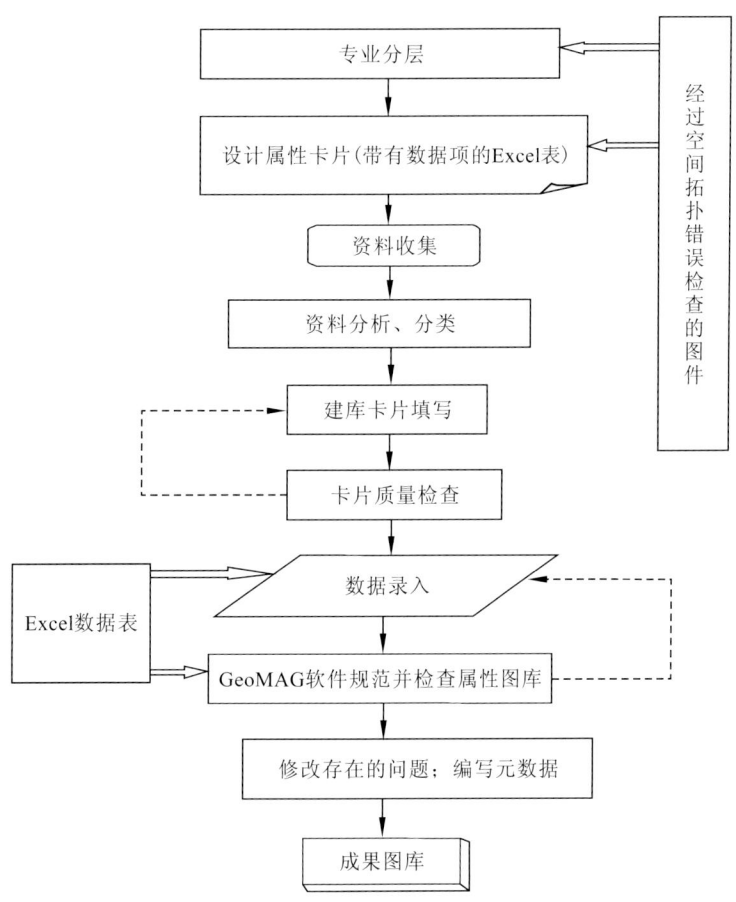

图 5-1　江苏省属性建库工作流程图

第三节 专题属性数据库建设情况

江苏省及上海市矿产资源潜力评价涉及铁、铜、铅锌、金、磷、硫、钼、银、萤石矿9个矿种(组),涉及到东海-新沂、丰沛、徐州-利国、六合、溧水、南通、宁芜、宁镇、苏州西部、盱眙、宜溧、连云港-泗洪、上海金山共13个预测工作区。其中东海-新沂、丰沛、徐州-利国、六合、溧水、南通、宁芜、宁镇、苏州西部、盱眙、宜溧11个预测工作区建立了铁矿资源潜力评价成果图数据库;溧水、宁芜、宁镇、宜溧、上海金山5个预测工作区建立了铜矿资源潜力评价成果图数据库;溧水、宁镇、苏州西部、宜溧4个预测工作区建立了铅锌矿资源潜力评价成果图数据库;东海-新沂、溧水、宁镇、徐州-利国、宜溧5个预测工作区建立了金矿资源潜力评价成果图数据库;宁芜、连云港-泗洪2个预测工作区建立了磷矿资源潜力评价成果图数据库;溧水、宁芜、宁镇、苏州西部4个预测工作区建立了硫铁矿资源潜力评价成果图数据库;宁镇、盱眙2个预测工作区建立了钼矿资源潜力评价成果图数据库;宁镇、苏州西部2个预测工作区建立了银矿资源潜力评价成果图数据库;苏州西部预测工作区建立了萤石矿资源潜力评价成果图数据库。

各预测工作区图幅均采用1954年北京坐标系,高斯-克吕格投影方式,6度分带。其中东海-新沂预测工作区成图比例尺包括1:25万(铁矿预测底图)和1:10万(金矿预测底图),连云港-泗洪预测工作区成图比例尺为1:25万,上海金山预测工作区成图比例尺为1:10万,其余各预测工作区成图比例尺为1:5万。

省级成果图数据库比例尺为1:50万,1954年北京坐标系,高斯-克吕格投影类型。

一、成矿地质背景专题图数据库

地质背景研究专题图数据库包括省级基础图件和预测工作区底图数据库,省级基础图件包括分幅1:25万实际材料图、1:25万建造构造图和省级大地构造相图;预测工作区包括火山岩性岩相构造图、预测工作区侵入岩浆构造图、预测工作区建造构造图。各类图件专业属性图层按照数据模型规定进行属性内容填写。

1. 1:25万实际材料图数据库

1:25万实际材料图数据库是在MapGIS 6.7平台上,依据《全国矿产资源潜力评价数据库模型成矿地质背景分册》给各图层建立属性结构并赋属性,然后利用GeoMAG软件进行规范,形成1:25万实际材料图数据库成果。江苏省及上海市标准分幅实际材料图分布情况如图5-2所示。

各图幅均采用1954年北京坐标系,高斯-克吕格投影方式,6度分带,成图比例尺1:25万。

属性图层包括岩性、地质界线、断裂、韧性剪切带、褶皱、蚀变带、化石采样点、同位素年龄、岩石化学样品采样点、地球化学采样点、同位素样品采样点、地质路线、地质点、地质剖面位置、钻孔、产状要素。数据库属性图层具体情况如表5-4所示。

2. 1:25万建造构造图数据库

1:25万建造构造图数据库是在MapGIS 6.7平台上,依据《全国矿产资源潜力评价数据库模型成矿地质背景分册》给各图层建立属性结构并赋属性,然后利用GeoMAG软件进行规范,形成1:25万建造构造图数据库成果。江苏省及上海市标准分幅建造构造图分布情况如图5-3所示。

各图幅均采用1954年北京坐标系,高斯-克吕格投影方式,6度分带,成图比例尺1:25万。

属性图层包括沉积岩建造、火山岩性岩相、火山构造、侵入岩、构造岩浆带、变质岩建造、大型变形构造、地质界线、断裂、韧性剪切带、褶皱、同位素年龄、产状要素。数据库属性图层具体情况如表5-5所示。

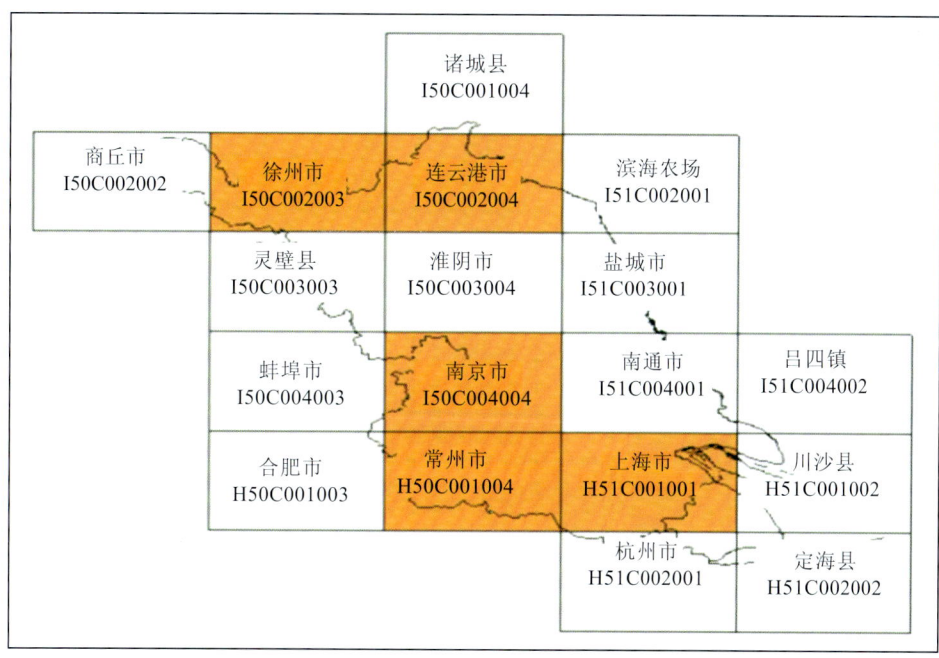

图 5-2 江苏省及上海市 1∶25 万标准分幅实际材料图分布位置图

表 5-4 实际材料图属性数据库图层表

序号	数据模型规定图层名称	图层说明	图层重要程度（必要、可选、辅助）
1	LDZOFBA001.wp	岩性（面）	必要
2	LDZOFBA002.wl	地质界线（线）	必要
3	LDZOFBA003.wl	断裂（线）	必要
4	LDZOFBA004.wp	韧性剪切带（面）	必要
5	LDZOFBA005.wl	褶皱（线）	必要
6	LDZOFBA006.wp	蚀变带（面）	必要
7	LDZOFBA007.wt	化石采样点（点）	必要
8	LDZOFBA008.wt	同位素年龄（点）	必要
9	LDZOFBA009.wt	岩石化学样品采样点（点）	必要
10	LDZOFBA010.wt	地球化学样品采样点（点）	必要
11	LDZOFBA011.wt	同位素样品采样点（点）	必要
12	LDZOFBA012.wl	地质路线（线）	必要
13	LDZOFBA013.wt	地质点（点）	必要
14	LDZOFBA014.wl	地质剖面位置（线）	必要
15	LDZOFBA015.wt	钻孔（点）	必要
16	LDZOFBA016.wt	产状要素（点）	必要
17	参见数据模型地理信息分册	地理类图层	辅助
18	数据模型规范而成	辅助类图层	辅助

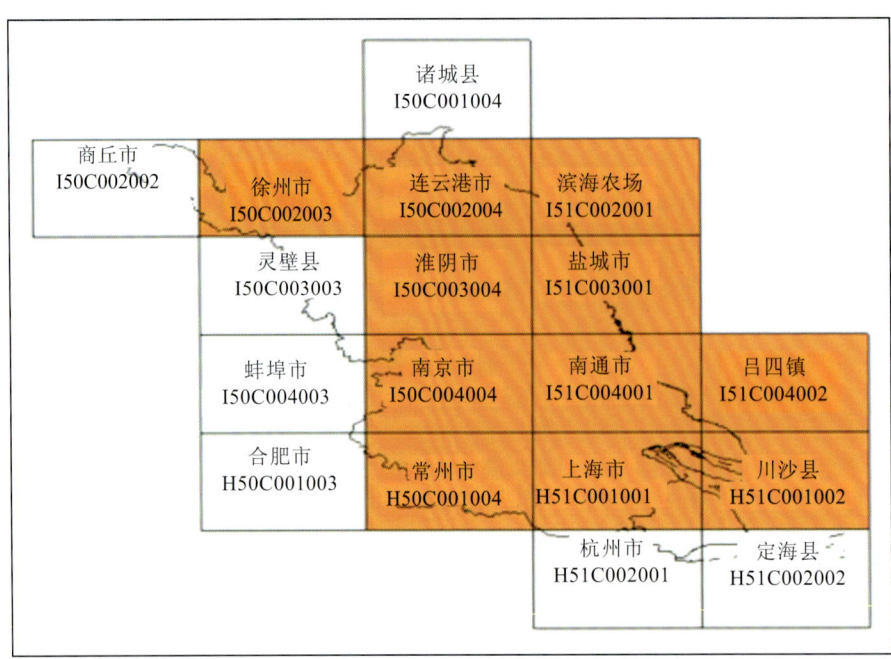

图 5-3 江苏省及上海市 1:25 万标准分幅建造构造图分布位置图

表 5-5 建造构造图属性数据库图层表

序号	数据模型规定图层名称	图层说明	图层重要程度（必要、可选、辅助）
1	LDZOFBB001.wp	沉积岩建造（面）	必要
2	LDZOFBB002.wp	火山岩性岩相（面）	必要
3	LDZOFBB011.wp	火山构造（面）	必要
4	LDZOFBB003.wp	侵入岩（面）	必要
5	LDZOFBB010.wp	构造岩浆带（面）	必要
6	LDZOFBB004.wp	变质岩建造（面）	必要
7	LDZOFBB009.wp	大型变形构造（面）	必要
8	LDZOFBA002.wl	地质界线（线）	必要
9	LDZOFBA003.wl	断裂（线）	必要
10	LDZOFBA004.wp	韧性剪切带（面）	必要
11	LDZOFBA005.wl	褶皱（线）	必要
12	LDZOFBA008.wt	同位素年龄（点）	必要
13	LDZOFBA016.wt	产状要素（点）	必要
14	参见数据模型重力分册	依据工作技术要求引用重力推断地质构造类属性图层	必要
15	参见数据模型磁法分册	依据工作技术要求引用磁法推断地质构造类属性图层	必要
16	参见数据模型化探分册	依据工作技术要求引用地球化学推断地质构造类属性图层	必要
17	参见数据模型遥感分册	依据工作技术要求引用遥感矿产地质特征解译类属性图层	必要
18	参见数据模型地理信息分册	地理类图层	辅助
19	数据模型规范而成	辅助类图层	辅助

3. 预测工作区地质构造专题图数据库

预测工作区地质构造专题图数据库是在 MapGIS 6.7 平台上，依据《全国矿产资源潜力评价数据库模型 成矿地质背景分册》给各图层建立属性结构并赋属性，然后利用 GeoMAG 软件进行规范，形成预测工作区地质构造专题图数据库成果。根据各预测工作区地质基础及成矿条件，各矿种预测工作区涉及的图件类型包括建造构造图、侵入岩浆构造图、火山岩性岩相构造图、变质建造构造图。

建造构造图属性图层包括变质岩建造、沉积岩建造、侵入岩、火山岩性岩相、地质界线、断裂、韧性剪切带、褶皱、蚀变带、产状要素、同位素年龄、岩石化学样品采样点、地球化学样品采样点以及依据工作技术要求引用的物化遥专题相关内容。各图层属性数据项按照《全国矿产资源潜力评价数据模型 成矿地质背景分册》中对应的数据表执行。

变质建造构造图属性图层主要包括变质岩建造、沉积岩建造、侵入岩、火山岩性岩相、地质界线、断裂、韧性剪切带、褶皱、蚀变带、产状要素、同位素年龄、岩石化学样品采样点、地球化学样品采样点、同位素样品采样点、各类标注以及依据工作技术要求引用的物化遥专题相关内容。

侵入岩浆构造图属性图层主要包括侵入岩、构造岩浆带、沉积岩建造、火山岩性岩相、变质岩建造、地质界线、断裂、韧性剪切带、褶皱、蚀变带、产状要素、同位素年龄、岩石化学样品采样点、地球化学样品采样点、同位素样品采样点、各类标注以及依据工作技术要求引用的物化遥专题相关内容。

火山岩性岩相构造图属性图层包括火山岩性岩相、火山构造、侵入岩、沉积岩建造、构造岩浆带、变质岩建造、地质界线、断裂、韧性剪切带、褶皱、蚀变带、产状要素、同位素年龄、岩石化学样品采样点、地球化学样品采样点、同位素样品采样点以及依据工作技术要求引用的物化遥专题相关内容。

各图件属性图层详细情况同分幅实际材料图及分幅建造构造图，属性数据项严格按照《全国矿产资源潜力评价数据模型 成矿地质背景分册》中对应的数据表执行。

4. 大地构造相图数据库建设

江苏省大地构造相图数据库是在 MapGIS 6.7 平台上完成数字化图件后，借助 GeoMAG 软件相关功能建立属性结构并赋属性，然后利用 GeoMAG 软件进行规范，形成江苏省及上海市大地构造相图数据库成果。采用 1954 年北京坐标系，高斯-克吕格投影方式，成图比例尺 1∶50 万。

专业属性图层包括沉积岩建造组合（面）、火山岩岩石构造组合（面）、侵入岩岩石构造组合（面）、变质岩岩石构造组合（面）、岩石构造组合边界（线）、大地构造相单元（面）、大地构造相单元边界（线）、钻孔、产状要素、矿产地特征、成矿时代以及引用的物探专业图层等。数据库属性图层如表 5-6 所示。

大地构造相单元（面）属性内容包括：特征代码、图元编号、大地构造相单元名称一级、大地构造相单元名称二级、大地构造相单元名称三级、大地构造相单元名称四级、大地构造相单元编码、大地构造相单元级别、大地构造相特征、沉积岩岩石构造组合特征、火山岩岩石构造组合特征、侵入岩岩石构造组合特征、变质岩岩石构造组合特征、大型变形构造特征、地质年代、含矿性。

大地构造相单元边界（线）属性内容包括：特征代码、图元编号、相单元边界级别、相单元边界类型。

沉积岩建造组合（面）属性内容包括：特征代码、图元编号、所含沉积岩建造、岩石地层单位（组）、年代地层、沉积岩建造组合厚度、化石组合、地层分区、沉积相、地层区、地层小区、岩石地层单位（群）、沉积岩建造组合名称、岩性岩相特征、含矿性、同位素年龄值与测年方法、构造古地理单元、构造古地理单元的判别标志、大地构造环境。

火山岩岩石构造组合（面）属性内容包括：特征代码、图元编号、岩石构造组合名称、岩石填图单位、地质时代、火山岩相、岩性特征、喷发旋回、岩石系列判别、岩浆岩大地构造环境、岩石构造组合所含建造、岩石组合厚度、同位素测年方法与年龄值、含矿性、火山岩构造岩浆岩省、火山岩构造岩浆岩带、火山岩构造岩浆岩亚带、火山岩构造岩浆岩段、火山岩构造岩浆旋回、地球化学对于构造环境判别、火山岩岩浆源区。

表 5-6 大地构造相图属性数据库图层表

序号	数据模型规定图层名称	图层说明	图层重要程度（必要、可选、辅助）
1	LDZGBAA017.wp	沉积岩建造组合（面）	必要
2	LDZGBAA018.wp	火山岩岩石构造组合（面）	必要
3	LDZGBAA019.wp	侵入岩岩石构造组合（面）	必要
4	LDZGBAA020.wp	变质岩岩石构造组合（面）	必要
5	LDZGBAA021.wl	岩石构造组合边界（线）	必要
6	LDZGBAA003.wp	大地构造相单元（面）	必要
7	LDZGBAA004.wl	大地构造相单元边界（线）	必要
8	LDZOFBA015.wt	钻孔（点）	必要
9	LDZOFBA016.wt	产状要素（点）	必要
10	LGCJCFF001.wt	矿产地特征（点）	必要
11	LGCJCFF006.wt	成矿时代（点）	必要
12	参见数据模型重力分册	依据工作技术要求引用重力推断地质构造类属性图层	必要
13	参见数据模型磁法分册	依据工作技术要求引用磁法推断地质构造类属性图层	必要
14	参见数据模型地理信息分册	地理类图层	辅助
15	数据模型规范而成	辅助类图层	辅助

侵入岩岩石构造组合（面）属性内容包括：特征代码、图元编号、地质时代、岩性特征、SiO_2-(Na_2O+K_2O)图解划分的系列、岩石成因类型、所含侵入岩建造、岩浆岩大地构造环境、岩石构造组合名称、同位素年龄值及测年方法、含矿性、构造岩浆岩省、构造岩浆岩带、构造岩浆岩亚带、构造岩浆岩段、构造岩浆旋回、QAP图解判别的花岗岩类形成环境、巴巴林图表判别的构造环境、A/CNK-A/NK判别的花岗岩类形成环境、SiO_2-FeO/MgO划分的系列及样品数、SiO_2-K_2O图解划分的系列及样品数、SiO_2-(Na_2O+K_2O-CaO)图解划分、Th-Hf-Ta图解判别的构造环境及样品、Cr-Y与Cr-Ce/Sr图解判别的构造环境、Ta/Yb-Th/Yb图解（Pearce,1984）、Rb-(Nb+Y)图解（Pearce,1984）、$\varepsilon_{Nd}(t)$-$\varepsilon_{Sr}(t)$图解判别的岩浆源、其他判别大地构造环境的图解及结果、其他划分岩浆系列的图解及结果。

变质岩岩石构造组合（面）属性内容包括：特征代码、图元编号、所含变质岩建造类型、岩性特征、岩石填图单位（群）、岩石填图单位（组）、变质时代、原岩建造组合、变质相系、大地构造环境、变质地质单元名称Ⅰ级、变质地质单元名称Ⅲ级、地质年代、变质岩岩石构造组合类型、含矿性、变形作用特点、同位素测年方法及年龄、大地构造环境判别标志、变质地质单元名称Ⅱ级。

岩石构造组合边界（线）属性内容包括：特征代码、图元编号、岩石构造组合边界类型。

大型变形构造（线）属性内容包括：特征代码、图元编号、大型变形构造名称、构造层次、倾向、组合形式、物质组成、运动方式、形成时代、大地构造环境、成矿特征、变形构造长度、变形构造宽度、切割深度、倾角、力学性质、变形期次。

其他专业图层属性结构及属性内容与预测工作底图对应图层一致,按照数据模型相关规定建立属性库。

完成的成矿地质背景专题编图及属性库成果如表5-7所示。

表5-7 成矿背景地质专题编图及属性库建设成果表

图件分类	数据库(个)	元数据(个)	编图说明书(份)
1∶25万标准分幅实际材料图	5	5	5
1∶25万标准分幅建造构造图	11	11	11
省级大地构造相图	1	1	1
预测工作区建造构造图	9	9	9
预测工作区变质建造构造图	2	2	2
预测工作区火山岩性岩相构造图	8	8	8
预测工作区侵入岩浆构造图	22	22	22
合　计	58	58	58

二、成矿规律与矿产预测专题图数据库

成矿规律与矿产预测专题图数据库包括典型矿床成矿要素图数据库、典型矿床预测要素图数据库、预测工作区成矿要素图数据库、预测工作区预测要素图数据库、预测工作区矿产预测类型预测成果图数据库以及省级成果图数据库。各图件专业图层属性数据项严格按照《全国矿产资源潜力评价数据模型成矿规律及预测分册》中对应的数据表执行。

1. 典型矿床成矿要素图及预测要素图数据库

典型矿床成矿要素图及预测要素图数据库是在MapGIS 6.7平台上,给各图层建立属性结构并赋属性,然后利用GeoMAG软件进行规范,形成江苏省及上海市典型矿床成矿要素图及预测要素图数据库。

采用1954年北京坐标系,高斯-克吕格投影方式,成图比例尺为1∶1000~1∶1万。

其中铁矿典型矿区有:江苏省吉山、梅山、凤凰山、其林山、东岗、王浩、中巷、韦岗、谈家桥、冶山、墓山、龙旗山。铜矿典型矿区有:江苏省安基山、獾子洞、盘龙岗、铜井和上海市金山张堰。铅锌矿典型矿区有:江苏省观山、栖霞山、吴宅。金矿典型矿区有:江苏省金驹山、平山头、汤山、土包山、燕子口。磷矿典型矿区有:江苏省连云港市锦屏、南京市泰山。硫铁矿典型矿区有:岔路口、潭山、云台山。钼矿典型矿区有:江苏省谏壁、铜山。银矿典型矿区有:江苏省栖霞山、吴宅。萤石矿典型矿区有:江苏省苏州市俞石泉。

典型矿床成矿要素属性图层主要包括:沉积型层控内生型成矿沉积建造、风化壳成矿地质体、第四纪沉积型矿床成矿地质体、火山型矿床成矿火山岩性岩相构造、变质型矿床成矿变质建造、层控"内生"型矿床成矿侵入体、复合"内生"型矿床围岩地质体、成矿侵入体岩相构造(适用于基性超基性岩矿床)、成矿火山构造、成矿侵入角砾岩、成矿侵入接触构造、成矿断裂构造、成矿褶皱构造、成矿后构造等。数据库属性图层具体情况如表5-8所示。

在典型矿床成矿要素图基础上依据技术要求引用物探专题相关图层内容后即形成典型矿床预测要素图。

表 5-8 典型矿床成矿要素图属性数据库图层表

序号	数据模型规定图层名称	图层说明	图层重要程度（必要、可选、辅助）
1	LGCJCEAA02.wp	沉积型层控内生型成矿沉积建造（面）	必要
2	LGCJCEAA03.wl	风化壳成矿地质体（线）	必要
3	LGCJCEAA06.wp	第四纪沉积型矿床成矿地质体（面）	必要
4	LGCJCEAA08.wp	火山型矿床火山岩性岩相构造（面）	必要
5	LGCJCEAA10.wp	变质型矿床成矿变质建造（面）	必要
6	LGCJCEAA12.wp	侵入岩型、复合内生型、层控内生型矿床成矿侵入体（面）	必要
7	LGCJCEAA14.wp	复合内生型矿床围岩地质体（面）	必要
8	LGCJCEAA16.wp	层控内生型矿床成矿地质体（面）	必要
9	LGCJCEAB01.wl	成矿侵入体岩相构造（线）	必要
10	LGCJCEAB02.wl	成矿火山构造（线）	必要
11	LGCJCEAB03.wp	成矿侵入角砾岩（面）	必要
12	LGCJCEAB04.wl	成矿侵入接触构造（线）	必要
13	LGCJCEAB05.wl	成矿断裂构造（线）	必要
14	LGCJCEAB06.wl	成矿褶皱构造（线）	必要
15	LGCJCEAB07.wl	成矿后构造（线）	必要
16	LGCJCEAC01.wt	矿床特征（点）	必要
17	LGCJCEAC03.wp	矿（化）体特征（面）	必要
18	LGCOFBA002.wl	地质界线（线）	必要
19	LGCOFBA016.wt	产状要素（点）	必要
20	参见数据模型地理信息分册	地理类图层	辅助
21	数据模型规范而成	辅助类图层	辅助

2．预测工作区区域成矿要素图及预测要素图数据库

预测工作区区域成矿要素图及预测要素图数据库是在 MapGIS 6.7 平台上，给各图层建立属性结构并赋属性，然后利用 GeoMAG 软件进行规范，形成各预测工作区区域成矿要素图及预测要素图数据库。

区域成矿要素图属性图层包括：依工作技术要求引用背景专题底图及其属性、成矿区带（面）、成矿区带界线（线）、推断控矿构造带（线）、变质型矿产地成矿建造（面）、成矿后构造（线）、矿产地（点）等。数据库属性图层具体情况如表 5-9 所示。

表 5-9 区域成矿要素图属性数据库图层表

序号	数据模型规定图层名称	图层说明	图层重要程度（必要、可选、辅助）
1	参见数据模型背景分册	依据工作技术要求引用背景专题底图属性图层	必要
2	LGCJCFAA01.wl	区域成矿构造（线）	必要
3	LGCJCFAA03.wl	推断控矿构造带（线）	必要
4	LGCJDE0001.wp	成矿区带（面）	必要
5	LGCJDE0002.wl	成矿区带界线（线）	必要
6	LGCJCFF002.wt	找矿标志（点）	必要
7	LGCJCFF004.wt	矿化蚀变标志（点）	必要
8	LGCJCFF005.wl	矿化蚀变标志（线）	必要
9	LGCJCFAB03.wp	区域矿化蚀变地质体（面）	必要
10	LGCJCFAC01.wt	矿产地（点）	必要
11	LGCJCFAD02.wp	沉积型矿产地成矿建造（面）	必要
12	LGCJCFAD04.wp	火山型矿产地成矿建造（面）	必要
13	LGCJCFAD06.wp	变质型矿产地成矿建造（面）	必要
14	LGCJCFAD08.wp	侵入岩型、复合内生型、层控内生型矿产地侵入体（面）	必要
15	LGCJCFAD10.wp	复合"内生"型矿床围岩地质体	必要
16	LGCJCFAD11.wl	成矿侵入岩体岩相构造（线）	必要
17	LGCJCFAD13.wl	成矿火山构造（线）	必要
18	LGCJCFAD14.wp	成矿侵入角砾岩（面）	必要
19	LGCJCFAD15.wl	成矿侵入接触构造（线）	必要
20	LGCJCFAD16.wl	成矿断裂构造（线）	必要
21	LGCJCFAD17.wl	成矿褶皱构造（线）	必要
22	LGCJCFAD18.wl	成矿后构造（线）	必要
23	参见数据模型地理信息分册	地理类图层	辅助
24	数据模型规范而成	辅助类图层	辅助

在区域成矿要素图基础上,依据技术要求引用物探专题相关图层内容后,即形成对应的区域预测要素图。

3. 预测工作区矿产预测类型预测成果图数据库

预测工作区矿产预测类型预测成果图是在区域预测要素图基础上叠加了矿产预测类型最小预测区(面)、矿产预测类型最小预测区(线)等图层内容。

4. 省级矿产预测类型分布图数据库

省级矿产预测类型分布图数据库是在 MapGIS 6.7 平台上,给各图层建立属性结构并赋属性,然后利用 GeoMAG 软件进行规范,形成江苏省及上海市矿产预测类型分布图数据库成果。

属性要素包括大地构造相单元边界(线)、成矿区带界线(线)、矿产预测类型划分(点)、矿产预测类型分布区界线(线)。数据库属性图层具体情况如表 5-10 所示。

表 5-10 省级矿产预测类型分布图属性数据库图层表

序号	数据模型规定图层名称	图层说明	图层重要程度(必要、可选、辅助)
1	LGCGBAA004.wl	大地构造相单元边界(线)	必要
2	LGCJDE0002.wl	成矿区带界线(线)	必要
3	LGCJDDA001.wt	矿产预测类型划分(点)	必要
4	LGCJDDA002.wl	矿产预测类型分布区界线(线)	必要
5	参见数据模型地理信息分册	地理类图层	辅助
6	数据模型规范而成	辅助类图层	辅助

5. 省级区域成矿规律图数据库

省级区域成矿规律图数据库是在 MapGIS 6.7 平台上,给各图层建立属性结构并赋属性,然后利用 GeoMAG 软件进行规范,形成江苏省及上海市区域成矿规律图数据库成果。

属性要素包括依据工作技术要求引用背景专题大地构造相图类属性图层、成矿区带(面)、成矿区带界线(线)、矿产地特征(点)、找矿标志(点)、蚀变标志(线)、成矿时代(点)。数据库属性图层具体情况如表 5-11 所示。

6. 省级矿产预测成果图数据库

省级矿产预测成果图数据库是在 MapGIS 6.7 平台上,给各属性图层建立属性结构并赋属性,然后利用 GeoMAG 软件进行规范,形成江苏省及上海市矿产预测成果图数据库成果。

属性要素主要包括依据工作技术要求引用背景专题大地构造相图属性图层、成矿区带预测成果汇总(线)、××矿种(组)预测成果(面/线)。数据库属性图层具体情况如表 5-12 所示。

7. 省级矿产勘查工作部署图数据库

省级矿产勘查工作部署图数据库是在 MapGIS 6.7 平台上,给各属性图层建立属性结构并赋属性,然后利用 GeoMAG 软件进行规范,形成江苏省及上海市矿产勘查工作部署图数据库成果。

表 5-11 省级区域成矿规律图属性数据库图层表

序号	数据模型规定图层名称	图层说明	图层重要程度（必要、可选、辅助）
1	参见数据模型背景分册	依据工作技术要求引用背景专题大地构造相图属性图层	必要
2	LGCJDE0001.wp	成矿区带（面）	必要
3	LGCJDE0002.wl	成矿区带界线（线）	必要
4	LGCJCFF001.wt	矿产地特征（点）	必要
5	LGCJCFF002.wt	找矿标志（点）	必要
6	LGCJCFF005.wl	蚀变标志（线）	必要
7	LGCJCFF004.wt	矿化蚀变标志（点）	必要
8	LGCJCFF006.wt	成矿时代（点）	必要
9	参见数据模型地理信息分册	地理类图层	辅助
10	数据模型规范而成	辅助类图层	辅助

表 5-12 省级矿产预测成果图数据库图层表

序号	数据模型规定图层名称	图层说明	图层重要程度（必要、可选、辅助）
1	参见数据模型背景分册	依据工作技术要求引用背景专题大地构造相图属性图层	必要
2	LGCJDGA002.wl	成矿区带预测成果汇总（线）	必要
3	LGCJDGBC01.wp	××矿种（组）预测区成果（面）	必要
4	LGCJDGBC02.wl	××矿种（组）预测区成果（线）	必要
5	参见数据模型地理信息分册	地理类图层	辅助
6	数据模型规范而成	辅助类图层	辅助

专业属性要素主要包括矿种（组）预测区成果（面）、勘查工作部署建议（线/面）、已有工作程度（线）。数据库属性图层具体情况如表 5-13 所示。

8. 省级矿种未来矿产开发基地预测图数据库

省级矿种未来矿产开发基地预测图数据库是在 MapGIS 6.7 平台上，给各属性图层建立属性结构并赋属性，然后利用 GeoMAG 软件进行规范，形成江苏省及上海市未来矿产开发基地预测图数据库成果。成图比例尺为 1：50 万，1954 年北京坐标系，高斯-克吕格投影类型。

表 5-13　省级矿产勘查工作部署图属性数据库图层表

序号	数据模型规定图层名称	图层说明	图层重要程度（必要、可选、辅助）
1	参见数据模型背景分册	依据工作技术要求引用背景专题大地构造相图属性图层	必要
2	LGCJDGB001.wp	矿种（组）预测区成果（面）	必要
3	LGCJBEA001.wl	勘查工作部署建议（线）	必要
4	LGCJBEA002.wp	勘查工作部署建议（面）	必要
5	LGCJBEA003.wl	已有工作程度（线）	必要
6	参见数据模型地理信息分册	地理类图层	辅助
7	数据模型规范而成	辅助类图层	辅助

专业属性要素主要包括未来勘查工作成果预测区（线）、未来矿产开发基地预测区（面/线）。数据库属性图层具体情况如表 5-14 所示。

表 5-14　省级矿种未来矿产开发基地预测图属性数据库图层表

序号	数据模型规定图层名称	图层说明	图层重要程度（必要、可选、辅助）
1	LGCJDK0001.wl	未来勘查工作成果预测区（线）	必要
2	LGCJDKB001.wp	未来矿产开发基地预测区（面）	必要
3	LGCJDKB002.wl	未来矿产开发基地预测区（线）	必要
4	参见数据模型地理信息分册	地理类图层	辅助
5	数据模型规范而成	辅助类图层	辅助

完成的成矿规律及矿产预测专题编图及属性库成果如表 5-15 所示。

表 5-15　成矿规律及矿产预测专题编图及属性库建设成果表

图件分类	数据库	元数据	编图说明书
典型矿床成矿要素图	35	35	35
典型矿床预测要素图	35	35	35
预测工作区区域成矿要素图	41	41	41
预测工作区区域预测要素图	41	41	41
预测工作区矿产预测类型预测成果图	41	41	41
省级成果图	45	45	45
合　计	238	238	238

三、重力专题图数据库

重力专题成果数据库包括预测工作和省级重力工作程度图数据库、布格重力异常图、剩余重力异常图、重力推断地质构造图。

省级成果图比例尺为1:50万,1954年北京坐标系,高斯-克吕格投影类型。预测工作区成图比例尺包括1:25万和1:5万两种比例尺,1954年北京坐标系,高斯-克吕格投影类型。

1. 预测工作区(省级)重力工作程度图数据库

预测工作区或省级重力工作程度图数据库是在MapGIS 6.7平台上,给各测区建立属性结构并赋属性,然后利用GeoMAG软件进行规范,形成各预测区或省级重力工作程度图数据库成果。专业图层属性数据项严格按照《全国矿产资源潜力评价数据模型 重力分册》中对应的数据表执行。

专业属性图层包括重力工作程度(面)、重力工作程度边界(线)。数据库属性图层具体情况如表5-16所示。

表5-16 重力工作程度图属性数据库图层表

序号	数据模型规定图层名称	图层说明	图层重要程度（必要、可选、辅助）
1	LZLPGAH001.wp	重力工作程度(面)	必要
2	LZLPGAH002.wl	重力工作程度边界(线)	必要
3	参见数据模型地理信息分册	地理类图层	辅助
4	数据模型规范而成	辅助类图层	辅助

所有测区文件的属性内容包括特征代码、图元编号、工区名称、行政省区名、工区面积、工作单位、完工时间、工作比例尺、重力系统、重力起算点、正常场公式、重力仪类型、重力观测精度、布格重力异常总精度、高程测量方法、高程测量精度、成果报告名称、成果报告完成时间、原始数据存放地19项要素。

2. 预测工作区(省级)布格重力异常图数据库

预测工作区或省级布格重力异常图数据库是在MapGIS 6.7平台上,给各测区建立属性结构并赋属性,然后利用GeoMAG软件进行规范检查,形成数据库成果。专业图层属性数据项严格按照《全国矿产资源潜力评价数据模型 重力分册》中对应的数据表执行。

专业属性图层包括布格异常面、布格异常线、布格异常标注、布格异常符号4项内容,前3项由计算机自动生成。布格重力异常符号属性内容包括特征代码、图元编号、异常位置经度、异常位置纬度、异常形状、异常走向。数据库属性图层具体情况如表5-17所示。

3. 预测工作区(省级)剩余重力异常图数据库

预测工作区或省级剩余重力异常图数据库是在MapGIS 6.7平台上,给各测区建立属性结构并赋属性,然后利用GeoMAG软件进行规范检查,形成预测工作区或省级剩余重力异常图数据库成果。专业图层属性数据项严格按照《全国矿产资源潜力评价数据模型 重力分册》中对应的数据表执行。

专业属性图层包括剩余异常面、剩余异常线、剩余异常标注、剩余异常编号4项内容,前三项由计算机自动生成。剩余重力异常符号属性内容包括特征代码、图元编号、异常位置经度、异常位置纬度、异常形状、异常走向、异常面积、异常强度、异常长度。数据库属性图层具体情况如表5-18所示。

表 5-17 布格重力异常图属性数据库图层表

序号	数据模型规定图层名称	图层说明	图层重要程度（必要、可选、辅助）
1	LZLPGBHA04.wp	布格异常面（面）	必要
2	LZLPGBHA03.wl	布格异常线（线）	必要
3	LZLPGBHA02.wt	布格异常值标注（点）	必要
4	LZLPGBHA01.wt	布格异常符号（点）	必要
5	参见数据模型地理信息分册	地理类图层	辅助
6	数据模型规范而成	辅助类图层	辅助

表 5-18 剩余重力异常图属性数据库图层表

序号	数据模型规定图层名称	图层说明	图层重要程度（必要、可选、辅助）
1	LZLPGBHB04.wp	剩余异常面（面）	必要
2	LZLPGBHB03.wl	剩余异常线（线）	必要
3	LZLPGBHB02.wt	剩余异常标注（点）	必要
4	LZLPGBHB01.wt	剩余异常编号（点）	必要
5	参见数据模型地理信息分册	地理类图层	辅助
6	数据模型规范而成	辅助类图层	辅助

4. 预测工作区（省级）重力推断地质构造图数据库

预测工作区或省级重力推断地质构造图数据库是在 MapGIS 6.7 平台上，给各测区建立属性结构并赋属性，然后利用 GeoMAG 软件进行规范检查，形成预测工作区或省级重力推断地质构造图数据库成果。

专业属性图层包括重力推断断裂构造（线）、重力推断构造单元（线）、重力推断地层（面）、重力推断岩体（面）和重力推断盆地（面）。数据库属性图层具体情况如表 5-19 所示。

构造单元属性内容包括特征代码、图元编号、编码、名称、级别、面积、边界出露情况、重力异常特征、成果时间、划分依据、可靠程度、备注。

断裂构造属性内容包括特征代码、图元编号、断裂编码、名称、断裂性质、长度、断层面走向、断层面倾向、延深、分级、出露情况、重力异常特征、成果提供单位、成果提供时间、断裂依据、可靠程度和备注。

盆地构造属性内容包括特征代码、图元编号、编码、名称、面积、盆地性质、基底性质、基底或目标层深度、成果时间、推断依据、可靠程度、备注。

岩体属性内容包括特征代码、图元编号、编码、名称、类型、形态、走向、顶面面积、顶面埋深、出露情况、成果时间、推断依据、重力异常特征、与矿产关系、可靠程度、备注。

地层属性内容包括特征代码、图元编号、编码、名称、性质、长度、宽度、厚度、埋深、成果时间、出露情况、推断依据、重力异常特征、可靠程度、备注。

表 5-19 重力推断地质构造图属性数据库图层表

序号	数据模型规定图层名称	图层说明	图层重要程度（必要、可选、辅助）
1	LZLPGDJ002.wl	重力推断断裂构造（线）	必要
2	LZLPGDJ003.wl	重力推断构造单元（线）	必要
3	LZLPGDJ004.wp	重力推断地层（面）	必要
4	LZLPGDJ006.wp	重力推断岩体（面）	必要
5	LZLPGDJ009.wp	重力推断盆地（面）	必要
6	参见数据模型地理信息分册	地理类图层	辅助
7	数据模型规范而成	辅助类图层	辅助

完成的重力专题编图及属性库成果如表 5-20 所示。

表 5-20 重力专题编图及属性库建设成果表

图件分类	数据库	元数据	编图说明书
布格重力异常图	61	61	61
剩余重力异常图	61	61	61
重力工作程度图	38	38	38
重力推断地质构造图	38	38	38
典型矿床布格重力异常图	35	35	35
典型矿床剩余重力异常图	35	35	35
合 计	268	268	268

四、磁测专题图数据库

航磁专题成果数据库包括预测工作区（省级）磁法推断磁性矿产分布图数据库、预测工作区（省级）磁法推断地质构造图数据库、预测工作区（省级）磁异常范围分布图数据库、预测工作区（省级）航磁 ΔT 等值线平面图数据库、预测工作区（省级）航磁 ΔT 化极等值线平面图数据库、预测工作区（省级）航磁 ΔT 化极垂向一阶导数等值线平面图数据库、省级航磁（地磁）工作程度图数据库。

1. 预测工作区（省级）磁法推断磁性矿产分布图数据库

预测工作区（省级）磁法推断磁性矿产分布图数据库是在 MapGIS 6.7 平台上，给各属性图层建立属性结构并赋属性，然后利用 GeoMAG 软件进行规范，形成各预测工作区或省级磁法推断磁性矿产分布图数据库成果。专业图层属性数据项严格按照《全国矿产资源潜力评价数据模型 磁测分册》中对应的数据表执行。

属性图层包括磁法推断/已知磁性矿体范围(面)、磁法推断/已知磁性矿体边界(线)、磁法推断/已知磁性矿体编号(点)。数据库属性图层具体情况如表 5-21 所示。

表 5-21 磁法推断磁性矿产分布图属性数据库图层表

序号	数据模型规定图层名称	图层说明	图层重要程度（必要、可选、辅助）
1	LHCPGDAA01.wp	磁法推断/已知磁性矿体范围(面)	必要
2	LHCPGDAA02.wl	磁法推断/已知磁性矿体边界(线)	必要
3	LHCPGDAA03.wt	磁法推断/已知磁性矿体编号(点)	必要
4	参见数据模型地理信息分册	地理类图层	辅助
5	数据模型规范而成	辅助类图层	辅助

2. 预测工作区(省级)磁法推断地质构造图数据库

预测工作区(省级)磁法推断地质构造图数据库是在 MapGIS 6.7 平台上,给各属性图层建立属性结构并赋属性,然后利用 GeoMAG 软件进行规范,形成各预测工作区或省级磁法推断地质构造图数据库成果。专业图层属性数据项严格按照《全国矿产资源潜力评价数据模型 磁测分册》中对应的数据表执行。

属性图层包括磁法推断断裂构造(线)、磁法推断断裂构造编号(点)、磁法推断侵入岩体(面)、磁法推断侵入岩体边界(线)、磁法推断侵入岩体编号(点)、磁法推断火山岩地层(面)、磁法推断火山岩地层边界(线)、磁法推断火山岩地层编号(点)、磁法推断变质岩地层(面)、磁法推断变质岩地层边界(线)、磁法推断变质岩地层编号(点)。数据库属性图层具体情况如表 5-22 所示。

表 5-22 磁法推断地质构造图属性数据库图层表

序号	数据模型规定图层名称	图层说明	图层重要程度（必要、可选、辅助）
1	LHCPGDAC01.wl	磁法推断断裂构造(线)	必要
2	LHCPGDAC02.wt	磁法推断断裂构造编号(点)	必要
3	LHCPGDAC05.wp	磁法推断侵入岩体(面)	必要
4	LHCPGDAC06.wl	磁法推断侵入岩体边界(线)	必要
5	LHCPGDAC07.wt	磁法推断侵入岩体编号(点)	必要
6	LHCPGDAC08.wp	磁法推断火山岩地层(面)	必要
7	LHCPGDAC09.wl	磁法推断火山岩地层边界(线)	必要
8	LHCPGDAC10.wt	磁法推断火山岩地层编号(点)	必要
9	LHCPGDAC11.wp	磁法推断变质岩地层(面)	必要
10	LHCPGDAC12.wl	磁法推断变质岩地层边界(线)	必要
11	LHCPGDAC13.wt	磁法推断变质岩地层编号(点)	必要
12	LGCJCFAC01.wt	矿产地(点)	必要
13	参见数据模型地理信息分册	地理类图层	辅助
14	数据模型规范而成	辅助类图层	辅助

3. 预测工作区(省级)磁异常范围分布图数据库

预测工作区(省级)磁异常范围分布图数据库是在 MapGIS 6.7 平台上,给各属性图层建立属性结构并赋属性,然后利用 GeoMAG 软件进行规范,形成各预测工作区或省级磁异常范围分布图数据库成果。专业图层属性数据项严格按照《全国矿产资源潜力评价数据模型 磁测分册》中对应的数据表执行。

专业图层包括磁异常范围(面)、磁异常范围(线)。数据库属性图层具体情况如表 5-23 所示。

表 5-23 磁异常范围分布图属性数据库图层表

序号	数据模型规定图层名称	图层说明	图层重要程度(必要、可选、辅助)
1	LHCPDFB001.wp	磁异常范围(面)	必要
2	LHCPDFB002.wl	磁异常范围(线)	必要
3	参见数据模型地理信息分册	地理类图层	辅助
4	数据模型规范而成	辅助类图层	辅助

4. 预测工作区(省级)航磁 ΔT 等值线平面图数据库

预测工作区(省级)航磁 ΔT 等值线平面图数据库是在 MapGIS 6.7 平台上,给各属性图层建立属性结构并赋属性,然后利用 GeoMAG 软件进行规范,形成各预测工作区或省级航磁 ΔT 等值线平面图数据库成果。专业图层属性数据项严格按照《全国矿产资源潜力评价数据模型 磁测分册》中对应的数据表执行。

属性图层包括航磁 ΔT 等值线(面)、航磁 ΔT 等值线(线)、航磁 ΔT 等值线(点)。数据库属性图层具体情况如表 5-24 所示。

表 5-24 航磁 ΔT 等值线平面图属性数据库图层表

序号	数据模型规定图层名称	图层说明	图层重要程度(必要、可选、辅助)
1	LHCPDKAA01.wp	航磁 ΔT 等值线(面)	必要
2	LHCPDKAA02.wl	航磁 ΔT 等值线(线)	必要
3	LHCPDKAA03.wt	航磁 ΔT 等值线(点)	必要
4	参见数据模型地理信息分册	地理类图层	辅助
5	数据模型规范而成	辅助类图层	辅助

5. 预测工作区(省级)航磁 ΔT 化极等值线平面图数据库

预测工作区(省级)航磁 ΔT 化极等值线平面图数据库是在 MapGIS 6.7 平台上,给各属性图层建立属性结构并赋属性,然后利用 GeoMAG 软件进行规范,形成各预测工作区或省级航磁 ΔT 化极等值线平面图数据库成果。专业图层属性数据项严格按照《全国矿产资源潜力评价数据模型 磁测分册》中对应的数据表执行。

属性图层包括航磁 ΔT 化极等值线(面)、航磁 ΔT 化极等值线(线)、航磁 ΔT 化极等值线(点)。数据库属性图层具体情况如表 5-25 所示。

表 5-25　航磁 ΔT 化极等值线平面图属性数据库图层表

序号	数据模型规定图层名称	图层说明	图层重要程度（必要、可选、辅助）
1	LHCPDKAB01.wp	航磁 ΔT 化极等值线(面)	必要
2	LHCPDKAB02.wl	航磁 ΔT 化极等值线(线)	必要
3	LHCPDKAB03.wt	航磁 ΔT 化极等值线(点)	必要
4	参见数据模型地理信息分册	地理类图层	辅助
5	数据模型规范而成	辅助类图层	辅助

6. 预测工作区(省级)航磁 ΔT 化极垂向一阶导数等值线平面图数据库

预测工作区(省级)航磁 ΔT 化极垂向一阶导数等值线平面图数据库是在 MapGIS 6.7 平台上,给各属性图层建立属性结构并赋属性,然后利用 GeoMAG 软件进行规范,形成各预测工作区或省级航磁 ΔT 化极垂向一阶导数等值线平面图数据库成果。专业图层属性数据项严格按照《全国矿产资源潜力评价数据模型　磁测分册》中对应的数据表执行。

属性图层包括航磁 ΔT 化极垂向一阶导数等值线(面)、航磁 ΔT 化极垂向一阶导数等值线(线)、航磁 ΔT 化极垂向一阶导数等值线(点)。数据库属性图层具体情况如表 5-26 所示。

表 5-26　航磁 ΔT 化极垂向一阶导数等值线平面图属性数据库图层表

序号	数据模型规定图层名称	图层说明	图层重要程度（必要、可选、辅助）
1	LHCPDKAC01.wp	航磁 ΔT 化极垂向一阶导数等值线(面)	必要
2	LHCPDKAC02.wl	航磁 ΔT 化极垂向一阶导数等值线(线)	必要
3	LHCPDKAC03.wt	航磁 ΔT 化极垂向一阶导数等值线(点)	必要
4	参见数据模型地理信息分册	地理类图层	辅助
5	数据模型规范而成	辅助类图层	辅助

7. 省级航磁(地磁)工作程度图数据库

省级航磁(地磁)工作程度图数据库是在 MapGIS 6.7 平台上,给各属性图层建立属性结构并赋属性,然后利用 GeoMAG 软件进行规范,形成江苏省及上海市航磁(地磁)工作程度图数据库成果。专业图层属性数据项严格按照《全国矿产资源潜力评价数据模型　磁测分册》中对应的数据表执行。

属性图层包括航磁(地磁)工作程度范围(面)、航磁(地磁)工作程度边界(线)。数据库属性图层具体情况如表 5-27 所示。

表 5-27 省级航磁(地磁)工作程度图属性数据库图层表

序号	数据模型规定图层名称	图层说明	图层重要程度（必要、可选、辅助）
1	LHCPGAA001.wp	航磁工作程度范围(面)	必要
2	LHCPGAA002.wl	航磁工作程度边界(线)	必要
3	LHCPGAB001.wp	地磁工作程度范围(面)	必要
4	LHCPGAB002.wl	地磁工作程度边界(线)	必要
5	参见数据模型地理信息分册	地理类图层	辅助
6	数据模型规范而成	辅助类图层	辅助

完成的磁测专题编图及属性库成果如表 5-28 所示。

表 5-28 磁测专题编图及属性库建设成果表

图件分类	数据库	元数据	编图说明书
航磁(地磁)工作程度图	2	2	2
磁异常分布图	13	13	13
磁法推断磁性矿产分布图	13	13	13
磁法推断地质构造图	38	38	38
航磁 ΔT 等值线平面图	66	66	66
航磁 ΔT 化极等值线平面图	66	66	66
航磁 ΔT 化极垂向一阶导数等值线平面图	66	66	66
地磁等值线平面图	23	23	23
地磁化极等值线平面图	23	23	23
地磁化极垂向一阶导数等值线平面图	23	23	23
合　计	333	333	333

五、化探专题图数据库

化探专题成果数据库包括预测工作区(省级)单元素地球化学图数据库、预测工作区(省级)单元素地球化学异常图数据库、预测工作区(省级)地球化学组合异常图数据库、预测工作区(省级)地球化学综合异常图数据库。图件属性图层数据项严格按照《全国矿产资源潜力评价数据模型　化探分册》中对应的数据表执行。

1. 预测工作区(省级)单元素地球化学图数据库

预测工作区(省级)单元素地球化学图数据库是在 MapGIS 6.7 平台上,给各属性图层建立属性结构并赋属性,然后利用 GeoMAG 软件进行规范,形成各预测工作区或省级单元素地球化学图数据库成果。

专业属性图层包括某元素含量分布等值线、某元素含量分布等值区。

2. 预测工作区(省级)单元素地球化学异常图数据库

预测工作区(省级)单元素地球化学异常图数据库是在 MapGIS 6.7 平台上,给各属性图层建立属性结构并赋属性,然后利用 GeoMAG 软件进行规范,形成各预测工作区或省级单元素地球化学异常图数据库成果。

专业属性图层包括某元素地球化学异常边界(线)、某元素地球化学异常(面)、某元素地球化学异常代号标注(点)。

3. 预测工作区(省级)地球化学组合异常图数据库

预测工作区(省级)地球化学组合异常图数据库是在 MapGIS 6.7 平台上,给各属性图层建立属性结构并赋属性,然后利用 GeoMAG 软件进行规范,形成各预测工作区或省级地球化学组合异常图数据库成果。

专业属性图层包括主成矿元素地球化学异常范围(面)、各元素地球化学异常边界(线)、矿产地等。

4. 预测工作区(省级)地球化学综合异常图数据库

预测工作区(省级)地球化学综合异常图数据库是在 MapGIS 6.7 平台上,给各属性图层建立属性结构并赋属性,然后利用 GeoMAG 软件进行规范,形成各预测工作区或省级地球化学综合异常图数据库成果。

专业属性图层包括主成矿元素异常边界、主成矿元素异常范围(面)、主要伴生共生元素异常下限、地球化学综合异常标注、成矿区带、成矿区带界线、矿产地特征、地质界线、断裂。

完成的化探专题编图及属性库成果如表 5-29 所示。

表 5-29 化探专题编图及属性库建设成果表

图件分类	数据库	元数据	编图说明书
省级地球化学组合样点位图	1	1	1
省级地球化学景观图	1	1	1
省级地球化学推断地质构造图	1	1	1
省级地球化学工作程度图	1	1	1
省级地球化学找矿预测图	7	7	7
单元素地球化学图	208	208	208
单元素地球化学异常图	239	239	239
地球化学综合异常图	27	27	27
合　计	485	485	485

六、遥感专题图数据库

遥感专题成果图数据库包括全省1∶25万标准分幅成果图数据库、预测工作区成果图数据库和省级成果图数据库。省级成果图比例尺为1∶50万,1954年北京坐标系,高斯-克吕格投影类型。预测工作区成图比例尺为1∶5万,1954年北京坐标系,高斯-克吕格投影类型。

1. 1∶25万遥感矿产地质特征解译图数据库

1∶25万矿产地质特征解译图数据库是在MapGIS 6.7平台上,给各图层建立属性结构并赋属性,然后利用GeoMAG软件进行规范,形成1∶25万矿产地质特征解译图数据库成果。

属性图层包括遥感断层要素(线)、遥感脆韧性变形构造带要素(线)、遥感逆冲推覆滑脱构造要素(线)、遥感环状要素(线)、遥感块状要素(线)、遥感色要素(面)、遥感带状要素(面)。数据库属性图层具体情况如表5-30所示。

表5-30 分幅遥感矿产地质特征解译图属性数据库图层表

序号	数据模型规定图层名称	图层说明	图层重要程度（必要、可选、辅助）
1	LYGREBA001.wl	遥感断层要素(线)	必要
2	LYGREBA002.wl	遥感脆韧性变形构造带要素(线)	必要
3	LYGREBA003.wl	遥感逆冲推覆滑脱构造要素(线)	必要
4	LYGREBA004.wl	遥感环状要素(线)	必要
5	LYGREBA005.wl	遥感块状要素(线)	必要
6	LYGREBA006.wp	遥感色要素(面)	必要
7	LYGREBA007.wp	遥感带状要素(面)	必要
8	参见数据模型地理信息分册	地理类图层	辅助
9	数据模型规范而成	辅助类图层	辅助

2. 1∶25万遥感羟基异常分布图数据库

1∶25万羟基异常分布图数据库是在MapGIS 6.7平台上,给各专业图层建立属性结构并赋属性,然后利用GeoMAG软件进行规范,形成江苏省及上海市1∶25万标准分幅遥感羟基异常分布图数据库成果。

专业属性图层为遥感羟基异常要素,属性数据项包括遥感异常名称、遥感异常面积、所处的地质构造环境、羟基异常性质、羟基异常强度。各属性数据项内容按照《全国矿产资源潜力评价数据模型 遥感分册》中对应的数据表执行。

3. 1∶25万遥感铁染异常分布图数据库

1∶25万铁染异常分布图数据库是在MapGIS 6.7平台上,给各图层建立属性结构并赋属性,然后利用GeoMAG软件进行规范,形成江苏省及上海市1∶25万标准分幅遥感铁染异常分布图数据库成果。

属性图层为遥感铁染异常要素,属性数据项包括遥感异常名称、遥感异常面积、所处的地质构造环境、铁染异常性质、铁染异常强度。各属性数据项内容按照《全国矿产资源潜力评价数据模型 遥感分册》中对应的数据表执行。

4. 预测工作区矿产地质特征与近矿找矿标志解译图数据库

预测工作区遥感矿产地质特征与近矿找矿标志解译图数据库是在 MapGIS 6.7 平台上,给各图层建立属性结构并赋属性,然后利用 GeoMAG 软件进行规范,形成预测工作区遥感矿产地质特征与近矿找矿标志解译图数据库成果。

属性图层包括遥感断层要素(线)、遥感脆韧性变形构造带要素(线)、遥感逆冲推覆滑脱构造要素(线)、遥感环状要素(线)、遥感块状要素(线)、遥感色要素(面)、遥感带状要素(面)、遥感近矿找矿标志要素(面)、遥感最小预测区要素(线)。数据库属性图层具体情况如表 5-31 所示。

表 5-31 遥感矿产地质特征与近矿找矿标志解译图属性数据库图层表

序号	数据模型规定图层名称	图层说明	图层重要程度（必要、可选、辅助）
1	LYGREBA001.wl	遥感断层要素(线)	必要
2	LYGREBA002.wl	遥感脆韧性变形构造带要素(线)	必要
3	LYGREBA003.wl	遥感逆冲推覆滑脱构造要素(线)	必要
4	LYGREBA004.wl	遥感环状要素(线)	必要
5	LYGREBA005.wl	遥感块状要素(线)	必要
6	LYGREBA006.wp	遥感色要素(面)	必要
7	LYGREBA007.wp	遥感带状要素(面)	必要
8	LYGREDA001.wp	遥感近矿找矿标志要素(面)	必要
9	LYGREDB001.wl	遥感最小预测区要素(线)	必要
10	参见数据模型地理信息分册	地理类图层	辅助
11	数据模型规范而成	辅助类图层	辅助

5. 预测工作区羟基异常分布图数据库

预测工作区遥感羟基异常分布图数据库是在 MapGIS 6.7 平台上,给各图层建立属性结构并赋属性,然后利用 GeoMAG 软件进行规范,形成预测工作区遥感羟基异常分布图数据库成果。

属性图层为遥感羟基异常要素,属性数据项同标准分幅羟基异常分布图。

6. 预测工作区铁染异常分布图数据库

预测工作区遥感铁染异常分布图数据库是在 MapGIS 6.7 平台上,给各图层建立属性结构并赋属性,然后利用 GeoMAG 软件进行规范,形成预测工作区遥感铁染异常分布图数据库成果。

属性图层为遥感铁染异常要素,属性数据项同标准分幅铁染异常分布图。

7. 省级遥感构造解译图数据库

省级遥感构造解译图数据库是在 MapGIS 6.7 平台上,给各属性图层建立属性结构并赋属性,然后利用 GeoMAG 软件进行规范,形成江苏省及上海市遥感构造解译图数据库成果。

属性图层包括遥感断层要素(线)、遥感脆韧性变形构造带要素(线)、遥感逆冲推覆滑脱构造要素(线)、遥感环状要素(线)。数据库属性图层具体情况如表 5-32 所示。

表 5-32 省级遥感构造解译图属性数据库图层表

序号	数据模型规定图层名称	图层说明	图层重要程度（必要、可选、辅助）
1	LYGREBA001.wl	遥感断层要素(线)	必要
2	LYGREBA002.wl	遥感脆韧性变形构造带要素(线)	必要
3	LYGREBA003.wl	遥感逆冲推覆滑脱构造要素(线)	必要
4	LYGREBA004.wl	遥感环状要素(线)	必要
5	参见数据模型地理信息分册	地理类图层	辅助
6	数据模型规范而成	辅助类图层	辅助

8. 省级遥感异常组合图数据库

省级遥感异常组合图数据库是在 MapGIS 6.7 平台上,给各属性图层建立属性结构并赋属性,然后利用 GeoMAG 软件进行规范,形成江苏省及上海市遥感异常组合图数据库成果。

属性图层遥感异常组合要素数据表。属性数据项包括遥感异常组合名称、异常面积、所处的成矿带背景、异常组合性质、异常组合类型。各属性数据项内容按照《全国矿产资源潜力评价数据模型 遥感分册》中对应的数据表执行。

完成的遥感专题编图及属性库成果如表 5-33 所示。

表 5-33 遥感专题编图及属性库建设成果表

图件分类	数据库	元数据	编图说明书
省级遥感异常组合图	1	1	1
省级遥感构造解译图	1	1	1
分幅遥感矿产地质特征解译图	11	11	11
分幅遥感羟基异常图	11	11	11
分幅遥感铁染异常图	11	11	11
典型矿床遥感矿产地质特征与近矿找矿标志解译图	4	4	4
预测工作区遥感矿产地质特征与近矿找矿标志解译图	35	35	35
预测工作区遥感羟基异常分布图	23	23	23
预测工作区遥感铁染异常分布图	23	23	23
合 计	120	120	120

七、自然重砂专题图数据库

自然重砂成果数据库包括省级自然重砂异常图数据库和预测工作区自然重砂异常图数据库。

省级成果图比例尺为 1：50 万，1954 年北京坐标系，高斯-克吕格投影类型。预测工作区成果图比例尺包括 1：25 万和 1：5 万两种，1954 年北京坐标系，高斯-克吕格投影类型。

预测工作区自然重砂异常图数据库是在 MapGIS 6.7 平台上，给各图层建立属性结构并赋属性，然后利用 GeoMAG 软件进行规范，形成各预测工作区自然重砂异常图数据库成果。

属性图层为自然重砂异常分布（面）、自然重砂异常边界线（线）。数据库属性图层具体情况如表 5-34 所示。

表 5-34　自然重砂异常图属性数据库图层表

序号	数据模型规定图层名称	图层说明	图层重要程度（必要、可选、辅助）
1	LZSQCHAX01.wp	自然重砂异常分布（面）	必要
2	LZSQCHAX02.wl	自然重砂异常边界线（线）	必要
3	参见数据模型地理信息分册	地理类图层	辅助
4	数据模型规范而成	辅助类图层	辅助

自然重砂异常分布（面）属性数据项包括异常类型、异常编号、异常名称、矿物名称、矿物含量、异常分级、异常下限、标型特征、异常检查情况、汇水盆地、异常面积、迁移距离、推断矿种、矿化特征。

完成的自然重砂专题编图及属性库成果如表 5-35 所示。

表 5-35　自然重砂专题编图及属性库建设成果表

图件分类	数据库	元数据	编图说明书
省级自然重砂异常图	28	28	28
预测工作区自然重砂异常图	94	94	94
合　计	122	122	122

八、元数据采集

元数据采集主要包括成矿地质背景图库、成矿规律及预测图库以及物探、化探、遥感、自然重砂专题图数据库对应的元数据采集。

元数据的采集参考《地质信息元数据标准》(DD-2006-05)进行，在元数据采集器软件（图 5-4）支持下，依据全国矿产资源潜力评价元数据模板，采集各专题图数据库对应的元数据信息。采集的内容主要包括：①元数据信息；②标识信息；③数据集质量信息；④空间参照系信息；⑤内容信息；⑥引用和负责单位信息。提交的元数据格式包括基于《地质信息元数据标准》规定的 XML 格式和自由文本 TXT 格式。

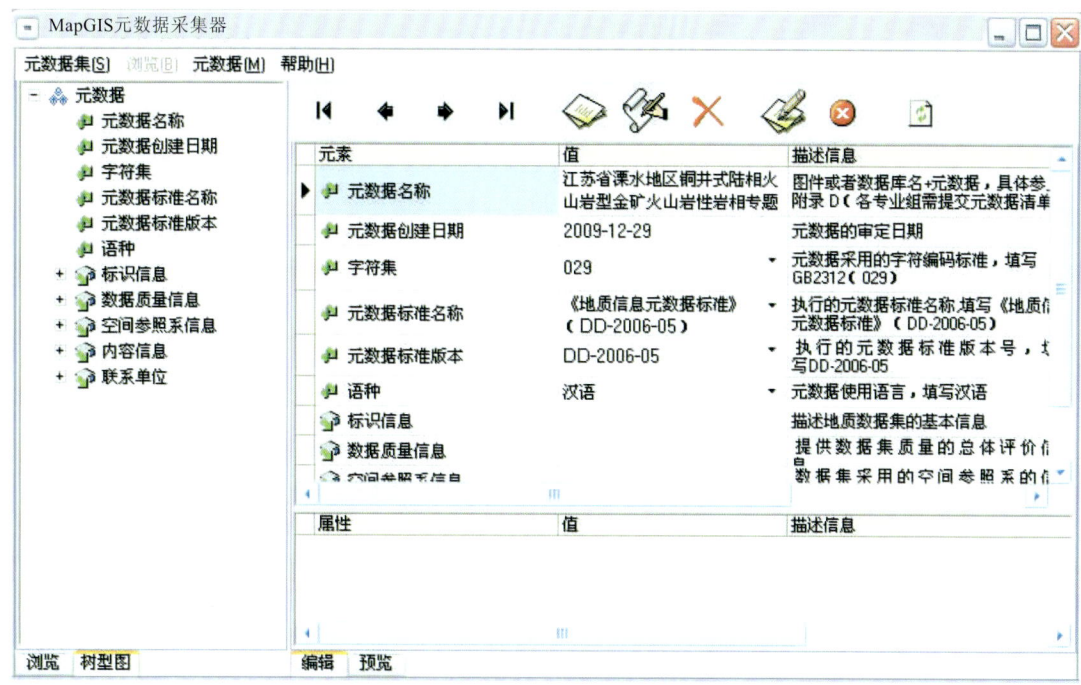

图 5-4 元数据采集软件主界面

第四节 数据库质量综述

一、数据库质量控制原则

1. 全员、全过程质量控制原则

各专题图件建库过程中,严格执行数据库质量监控制度,及时发现和消除事前、事中和事后影响图件及属性数据质量的各种因素,并尽可能前置质量控制关口,加强对图件空间拓扑及属性数据重要内容、关键节点、薄弱环节的质量监控,每个阶段都填写了质量监控记录,切实将质量控制的目标落实到实处。

2. 逐级、分类质量控制原则

逐级明确数据库建库质量控制的责任和要求,确保各阶段数据质量。各专题之间进行充分沟通和交流,尽可能采取有针对性的方法和措施,分类做好质量问题分析与诊断,确保质量控制工作切实有效。

3. 统一标准、严格执行原则

属性内容要由专业人员填写校对,数据质量、格式要严格执行全国统一标准,即《全国矿产资源潜力评价数据模型规范》。

二、数据库质量控制要求

1. 建立完善的质量检查制度

建立完善的自互检制度,数据库建设人员均要对图库进行100%的自互检,并将检查问题和修改情况如实、完整地记录下来。数据库完成后,由项目负责人进行抽检,抽检率不低于30%,确保图库内容全部满足质量要求。

2. 确保阶段性成果质量

对建库的每个阶段性成果均严格确保质量,逐级明确数据库质量控制的责任和要求,各专题之间要充分沟通和交流,确保各阶段数据质量。每个阶段均有质量监控记录。

3. 参照统一的标准

根据《全国矿产资源潜力评价数据模型》统一标准开展图库质量检查工作,主要包括图面质量检查、空间数据质量检查、属性内容质量检查及元数据质量检查等方面。

图面检查主要是对专业图件系统库的使用、图面要素表示的准确性、图外整饰内容标准化等方面进行检查,发现问题及时修改完善。

空间数据质量检查主要包括对图层分层的正确性、属性结构的标准化及空间数据精度等方面进行检查。属性分层和属性结构要与《全国矿产资源潜力评价数据模型》分册中规定的一致。采用全国矿产资源潜力评价项目办(简称全国项目办)统一开发的 GeoMAG 软件进行检查。空间数据精度采用 MapGIS 软件自带的拓扑检查功能或全国项目办统一开发的 GeoTOK 软件对数据的空间拓扑关系、重叠坐标点、文件的压缩存盘等方面进行检查。

属性内容的检查主要包括属性的填写率、属性代码的准确性、属性内容与图元的一致性等方面。可采用全国项目办统一开发的 GeoMAG 软件进行检查,发现问题参照《全国矿产资源潜力评价数据模型》通用代码规定分册进行修改。

元数据的采集和检查必须执行《地质信息元数据标准》(DD-2006-05),检查填写内容的准确性及结构的合理性。

三、数据库质量综述

1. 数据源质量

各专题组编图及建库所采用的原始资料主要来源于全国矿产资源潜力评价项目组统一下发数据及江苏省已经验收、汇交的各专题相关报告,资料来源可靠,符合项目要求。

2. 数字化图件质量

图件数字化严格按照数据库制图要求进行。保证了图形要素的参数正确性、空间位置的准确性;图层中没有遗漏和多余数据;所有的多边形必须封闭;图形矢量化时所用到的线型、花纹、色标、符号、图例及各种点的参数等均参考相关技术规定;参加拓扑图层利用 MapGIS 软件和全国项目办统一开发的 GeoTOK 软件进行了拓扑一致性检查和修改,直至符合要求。

图件数字完成后打印输出经过自检、互检和专家组的抽检及检查后的多次修改,完全符合各专业组编图技术要求及空间数据库质量要求。

3. 属性内容质量

为确保属性内容质量,属性内容由经验丰富的专业人员严格按照全国矿产资源潜力评价相关技术要求采集,尽可能地采集完整的信息。属性采集后经过检查、校对后才进行属性录入或属性挂接,从而严格地保证属性内容的真实、有效、正确。

4. 数据库质量

为确保属性内容录入的正确、完整,对所录入的每一个属性图层,一是进行机内检查,二是通过打印输出检查。图件结构、图层结构、属性结构、属性值域均利用 GeoMAG 软件进行检查,确保了数据库质量。

第六章 矿产资源潜力评价成果集成数据库建设

本章主要介绍按照全国矿产资源潜力评价成果汇总技术要求进行资料性成果汇总的情况，以及在汇总的基础上开展数据集成建库的具体过程。

集成数据库建设是江苏省矿产资源潜力评价的一项核心工作。综合信息集成专题组支撑各专题组完成专题编图及属性库建设后，全面完成省级矿产资源潜力评价资料性成果汇总及集成建库工作。

第一节 工作内容

江苏省矿产资源潜力评价集成数据库建设主要工作内容包括资料性成果的汇总和集成数据库的建设。

资料性成果的汇总是在全国矿产资源潜力评价项目组（简称全国项目组）的统一技术指导下，对江苏省已经完成验收、复核的物探、化探、遥感、自然重砂等专业组完成的成果开展的一项以资料性汇总为主要内容的综合性工作。

集成数据库建设按照《省级矿产资源潜力评价资料性成果集成建库实施技术指南》技术要求，使用全国项目组统一研发的 GeoPEX 软件系统，开展江苏省矿产资源潜力评价成果集成数据库建设工作。主要是在资料性成果汇总的基础上，对数据库成果和相关文档资料等建立综合性管理数据库，改变专题成果数据文件的存储方式，以实现真正意义上的大型数据库的管理模式，为今后进一步开发和利用矿产资源潜力评价成果资料提供科学的管理平台。

江苏省需要集成的数据包括成矿地质背景、成矿规律及矿产预测、磁测、重力、化探、遥感、自然重砂专题的省级基础编图，铁、铜、铅锌、金、磷、钼、银、硫、萤石矿 10 个矿种（组）资源潜力评价成果图库及相关文档资料。

第二节 工作流程

江苏省矿产资源潜力评价集成数据库建设主要工作包括以下几个步骤：资料收集和整理（成果图库、附件和相关文档资料）、系统配置、数据库注册、查询方案配置、用户注册、数据投影转换、数据入库、文档及附件导入、数据备份等过程。工作流程如图 6-1 所示。

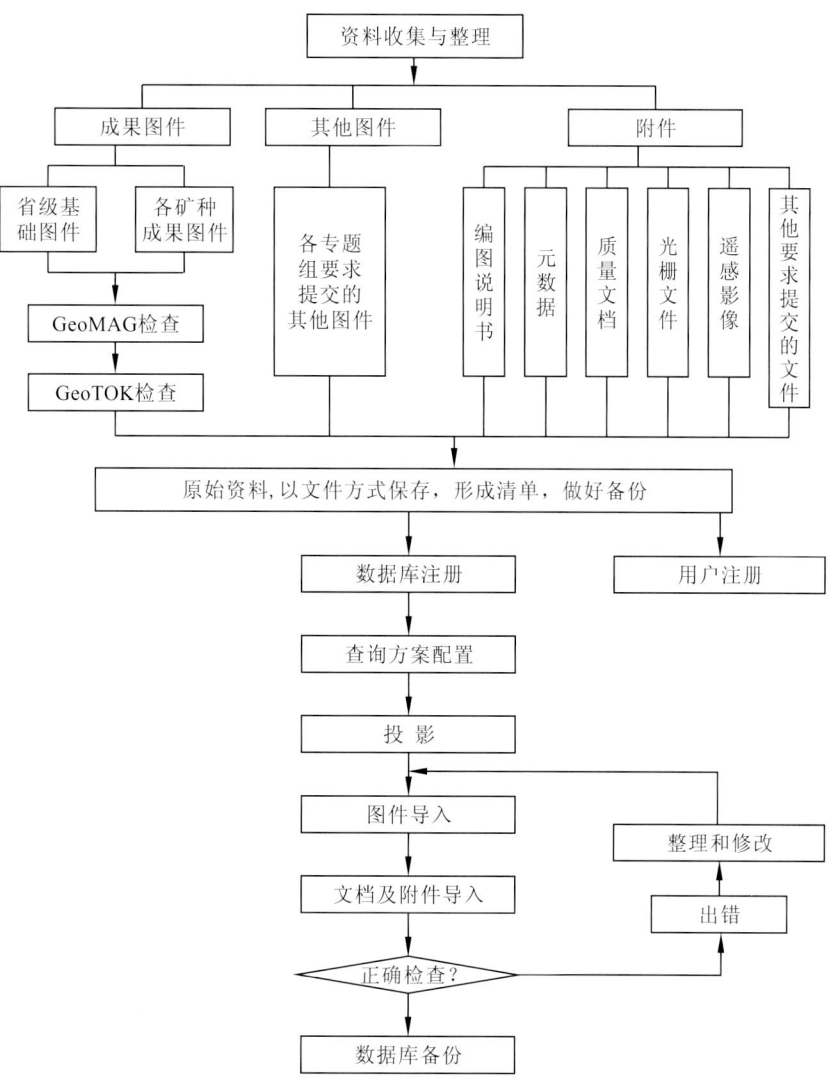

图 6-1 集成数据库建设工作流程

第三节 集成环境配置

一、软硬件配置

硬盘空间 100G 以上;操作系统采用 MS Windows XP sp3 或 MS Windows 7 sp1 以上。内存 2G 以上;GeoPEX 安装计算机最低要求为:CPU 为 2GHz,双核以上,内存 1G 以上,显示器分辨率为 1024×768 以上。

数据库系统:本地数据库采用 MS Access MDB(版本 2007,主要存放系统查询模板和数据字典)。图件数据库采用 MS SQL Server 2008。

存储设备:本地数据库单个 MDB 文件最大控制在 1.8G。硬盘空间为图件数据和文档数据大小的 3 倍。数据库大小为图件数据和文档数据大小的 5 倍,日志大小为数据库大小的 1/2,自动增长率大于 10%。

网络设备:局域网满足 100M、广域网满足 2M。

二、系统安装

1. GeoPEX 安装

集成建库软件系统 GeoPEX 为免安装软件,但还是有一个简单的安装过程,描述如下:

(1)在需要运行省级矿产资源潜力评价资料性成果汇总建库软件系统的计算机某硬盘上创建运行主目录"GeoPEX"(一般在硬盘的根目录下创建)。

(2)将全国项目组下发的 GeoPEX.rar 压缩包解压到已创建的主目录下(例如:D:\GeoPEX)。

(3)配置 GeoPEX 系统所需的 MapGIS 6.7 环境变量。

由于 GeoPEX 系统需要 MapGIS 6.7 支持,在运行之前,需确保 MapGIS 6.7 能正确运行,需要设置 GeoPEX 系统所需的 MapGIS 6.7 环境变量,设置方法如下:

我的电脑→属性→系统属性→高级→环境变量→设置 Path 变量,在变量值中加入 MapGIS 6.7 的路径(图 6-2)。

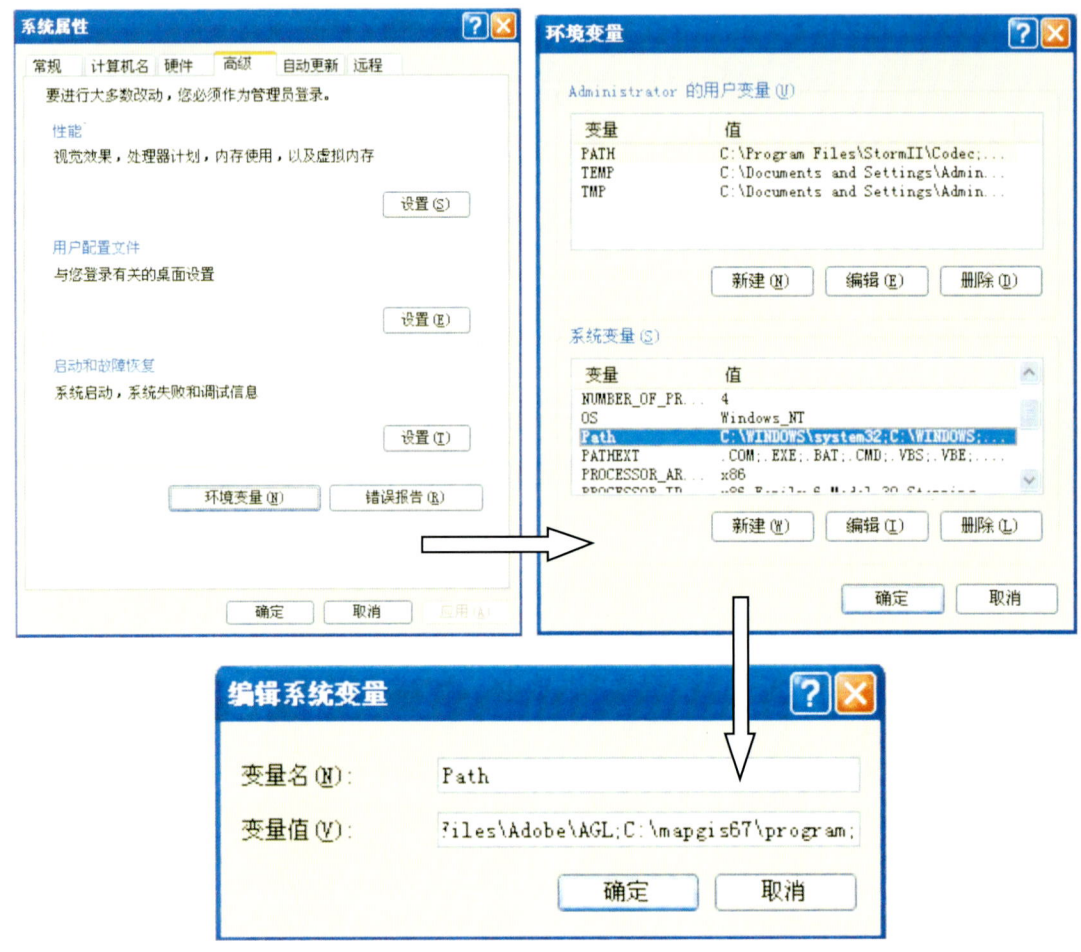

图 6-2 GeoPEX 系统所需的 MapGIS 6.7 环境变量

2. MS SQL Server 数据库安装

GeoPEX 系统在注册 MS SQL Server 数据库之前,需要进行两个方面的安装:一是安装 MS SQL

Server 2008 数据库平台;二是创建数据库,即生成一个存放图件的库文件,GeoPEX 系统注册该数据库并建立联接之后,方可对该数据库进行数据操作或访问。

MS SQL Server 2008 安装是一个比较复杂的过程,具体参阅 MS SQL Server 2008 安装手册。每次登录 MS SQL Server 运行 SQL Server Management Studio,弹出界面如图 6-3 所示。

登录成功后,出现 SQL Server Management Studio 界面(图 6-4)。

图 6-3 "连接到服务器"的界面

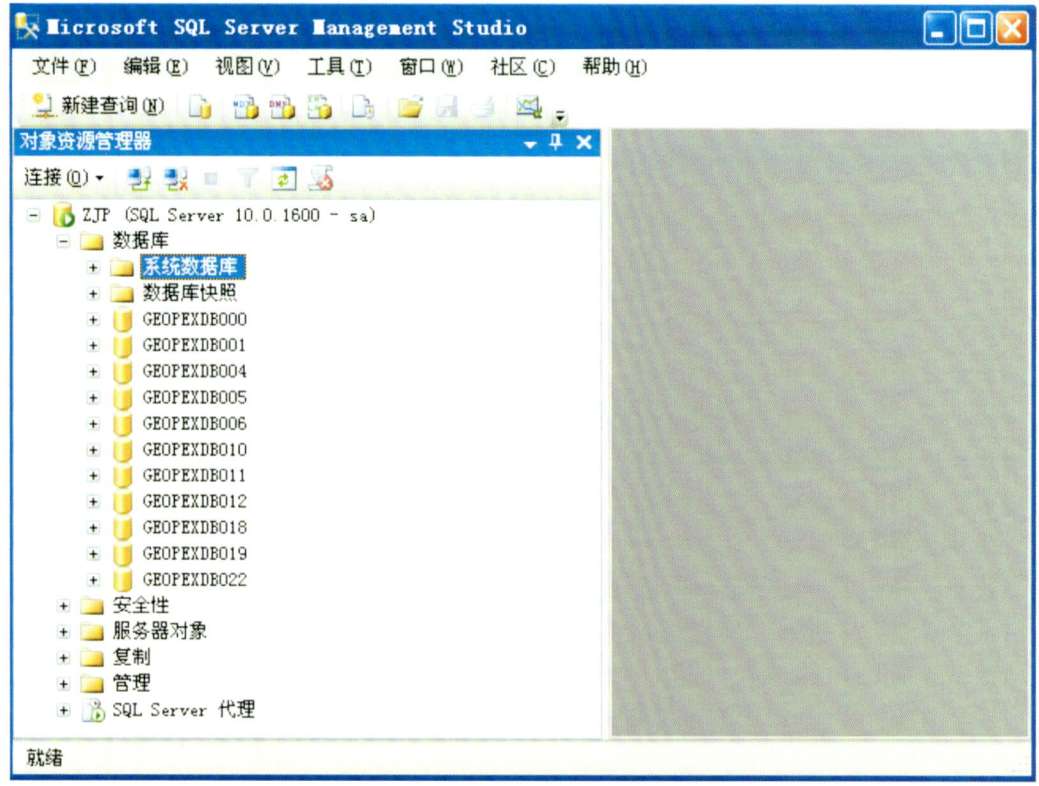

图 6-4 SQL Server Management Studio 界面

右击"数据库",可"附加"已经建立并导入数据的数据库(如江苏省完成的铁矿数据库"GeoPEX-DB001.mdf")。

第四节 资料性成果汇总

一、汇总内容

江苏省及上海市矿产资源潜力评价综合信息集成专题组汇总的成果分三部分。

(1)属于全国矿产资源潜力评价数据模型规定成果。包括规定要提交的图件及其属性库、遥感影像、编图说明书、图件元数据、文档报告、数据表格以及相关内容清单等。

(2)不属于全国矿产资源潜力评价数据模型规定但属于各专业需要提交的成果。包括各专业汇总组规定需要提交的资料、各种过渡性图件、图片文件、数据表格文件、文字报告以及各种资料卡片扫描件等。

(3)属于省级项目组汇总综合研究成果。包括省级各专题按相关专题省级汇总技术要求规定需要提交的图件及其属性库、遥感影像、编图说明书、图件元数据、文档报告、数据表格以及相关内容清单等。

二、汇总要求

江苏省矿产资源潜力评价综合信息集成专题组,将"属于全国矿产资源潜力评价数据模型规定成果"按"全国项目办2010年35号文"规定的成果目录汇总江苏省成果;将"不属于全国矿产资源潜力评价数据模型规定但属于各专业提交成果"按自建目录"地质背景相关成果资料""成矿规律相关成果资料""矿产预测相关成果资料""重力应用相关成果资料""磁测应用相关成果资料""化探应用相关成果资料""遥感应用相关成果资料""自然重砂应用相关成果资料"分别存放。历次成果抽查、审查、验收、复审、复核意见扫描件,自建目录"历次验收意见扫描件"存放;将"属于省级项目组汇总综合研究成果"按全国综合信息集成汇总组规定的成果目录汇总江苏省成果。

成果存放方式按照《关于全国矿产资源潜力评价阶段性成果验收的通知》(全国项目办发2009年26号文)规定的成果目录结构执行。具体各专题组成果图件(库)目录如下(以自然重砂资料应用课题组成果为例)(图6-5)。

江苏省矿产潜力评价成果图件(库)目录如下(图6-6)。

汇总、整理提供的清单和文档如下:

(1)省级项目本次潜力评价的矿种(组)清单。
(2)省级矿产预测类型清单。
(3)省级典型矿床清单。
(4)省级预测工作区清单。
(5)省级基于全国前三级成矿区带方案的Ⅳ/Ⅴ级划分方案。
(6)省级基于全国前三级大地构造分区方案的Ⅳ/Ⅴ级划分方案。
(7)省级基于全国前三级地层区划方案的Ⅳ级(即地层小区)划分方案。
(8)省级行政区所跨1∶25万标准图幅清单。
(9)省级潜力评价资料性成果图件(库)目录清单。
(10)省级潜力评价项目总体实施方案、年度设计(包括各课题)、成果报告[包括各课题、各矿种(组)等所有相关成果报告]、工作总结报告等。

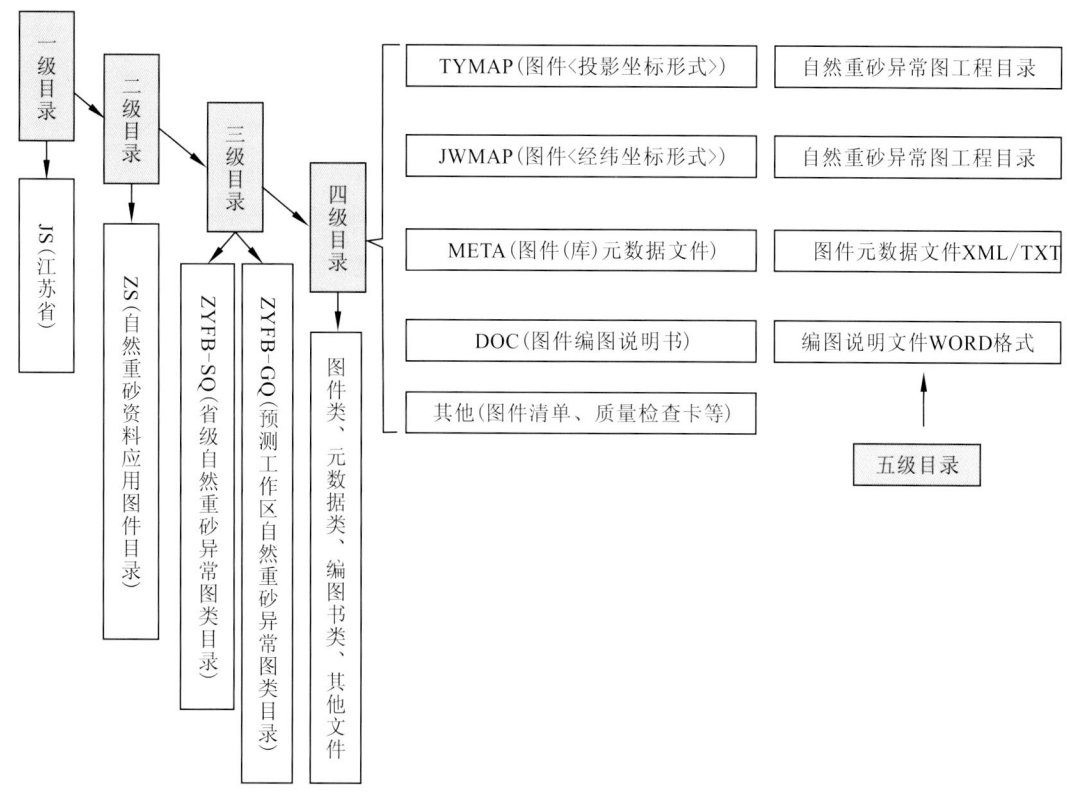

图 6-5 自然重砂资料应用成果图件(库)目录结构示意图

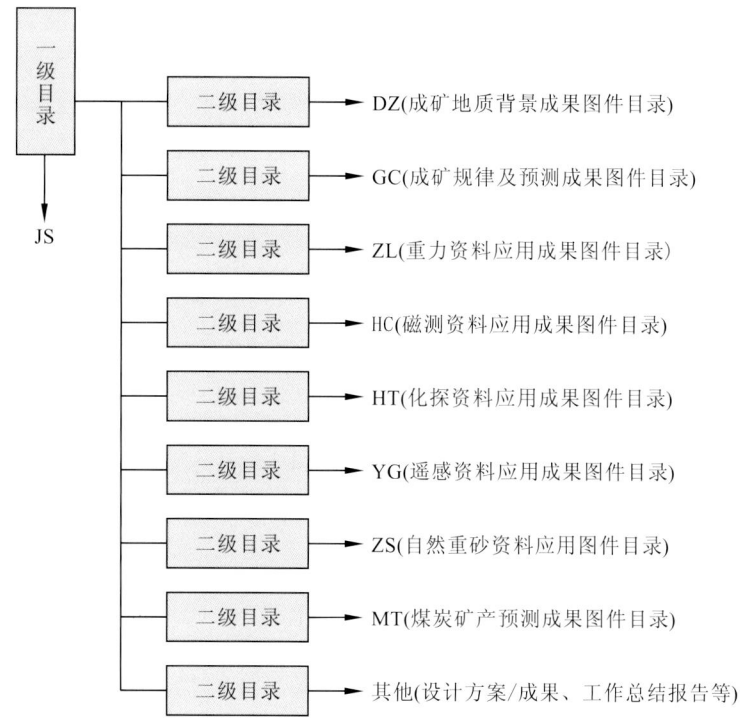

图 6-6 省级资料性成果汇总目录结构

第五节　成果集成数据库建设

按《省级矿产资源潜力评价资料性成果集成建库实施技术指南》技术要求并使用全国矿产资源潜力评价综合信息集成专题组正式发布的建库软件系统 GeoPEX，开展本省矿产资源潜力评价成果集成数据库建设工作。

全国矿产资源潜力评价省级矿产资源潜力评价资料性成果汇总建库管理系统 GeoPEX，完全遵循矿产资源潜力评价数据模型规定，主要有两方面作用：一是把省级矿产资源潜力评价资料性成果汇总入库并有效管理起来，将省级矿产资源潜力评价资料性成果做一个阶段性汇总打包；二是能按专题、矿种、空间范围（省行政区范围、预测工作区、典型矿床研究区，或任意指定空间范围），或属性条件检索已入库资料性成果，辅助相关专业开展综合编图研究工作。

GeoPEX 体系结构如图 6-7 所示。

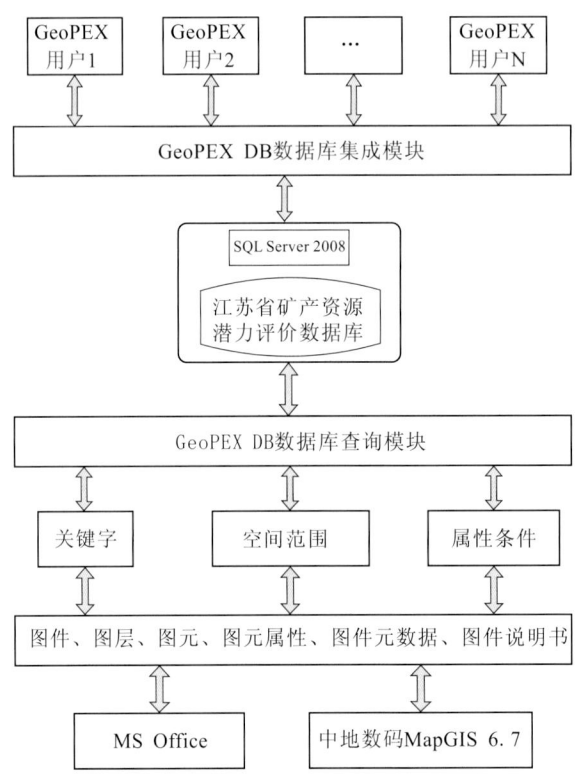

图 6-7　GeoPEX 体系结构图

一、集成数据库组织模式

江苏省及上海市矿产资源潜力评价成果数据库所占用空间大于 100G。选用 SQL Server 2008 作为数据库管理系统；数据库按省级基础图数据库、单矿种成果图数据库、省级汇总综合研究成果数据库进行汇总入库，并且省级基础编图成果和矿种（组）潜力评价成果按成矿地质背景研究、成矿规律研究、矿产预测研究、磁测资料应用、重力资料应用、化探资料应用、遥感资料应用、自然重砂资料应用专业分别入库。

集成数据库组织模式框图如图 6-8 所示。

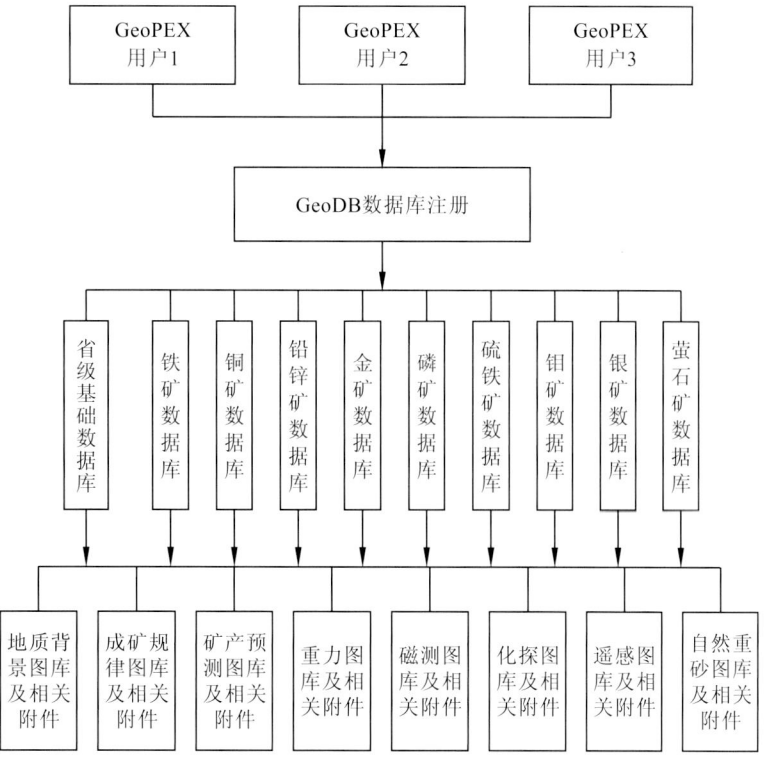

图 6-8　组织模式框图

二、集成数据库系统部署

按《省级矿产资源潜力评价资料性成果集成建库管理系统 GeoPEX 用户使用手册》进行相关软件系统安装、数据库注册及数据入库等。

系统部署图如图 6-9 所示。

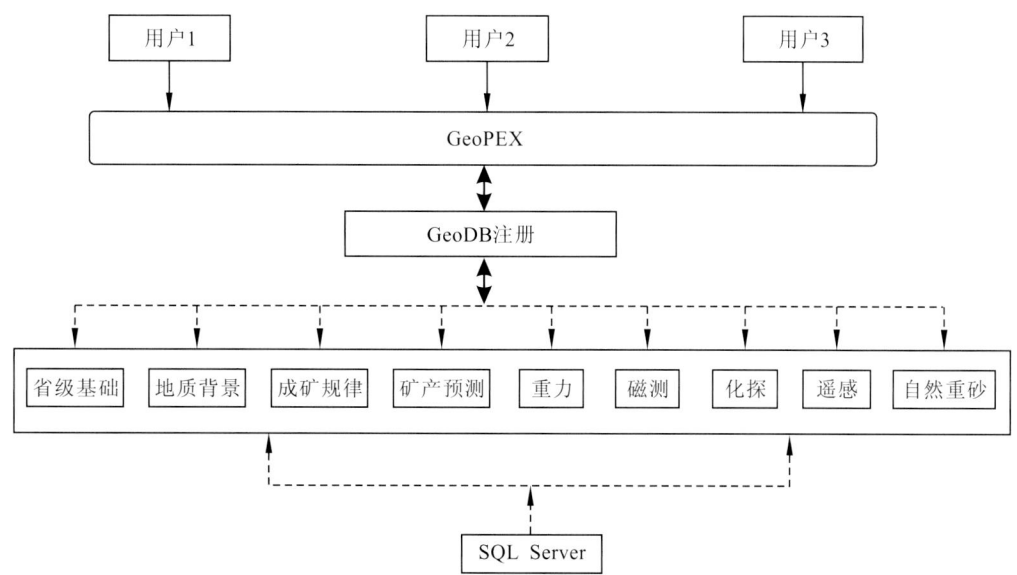

图 6-9　系统部署图

三、成果数据入库

1. 整理入库成果

依据入库成果是否属于全国矿产资源潜力评价数据模型规定和省级汇总综合研究成果的划分原则，省级矿产资源潜力评价入库成果分为三部分。

第一部分为"属于全国矿产资源潜力评价数据模型规定成果（包括规定要提交的图件及其属性库、遥感影像、编图说明书、图件元数据、文档报告、数据表格以及相关内容清单等）"。此类成果按数据模型要求准备，排除一切不符合数据模型规定的错误，质量检查评价辅助工具采用 GeoMAG、GeoTOK 等。

第二部分为"不属于全国矿产资源潜力评价数据模型规定但属于各专业需要提交成果（包括各专业汇总组规定需要提交的资料、各种过渡性图件、图片文件、数据表格文件、文字报告以及各种资料卡片扫描件等）"。此类成果只要资料种类与齐全性满足《省级矿产资源潜力评价综合信息集成课题汇总技术要求》的附录1（各专业第二类相关成果资料清单）的规定、内容符合相关专业汇总组工作技术要求与相关规定即可入库。

第三部分为"属于省级项目组汇总综合研究成果（包括省级各专题按相关专题省级汇总技术要求规定需要提交的图件及其属性库、遥感影像、编图说明书、图件元数据、文档报告、数据表格以及相关内容清单等）"。此类成果只要专业方面符合全国各专业汇总组制定的相关省级汇总技术要求、数据库方面参照"全国项目办 2010 年 35 号文"执行即可入库。

2. 计算机注册

为区别不同计算机导入的图件，每个计算机导入图件之前需要进行计算机注册（图 6-10），选择行政区及计算机编号。

图 6-10　计算机注册界面

3. 数据库注册

建立一个小型局域网,在数据服务器上安装 SQL Server 2008 数据库管理系统,登录 SQL 并且在 SQL Server Management Studio 中建立省级基础图和 10 个矿种图件数据库(图 6-11)。江苏省需要建立的数据库种类及数据库物理命名如表 6-1 所示。

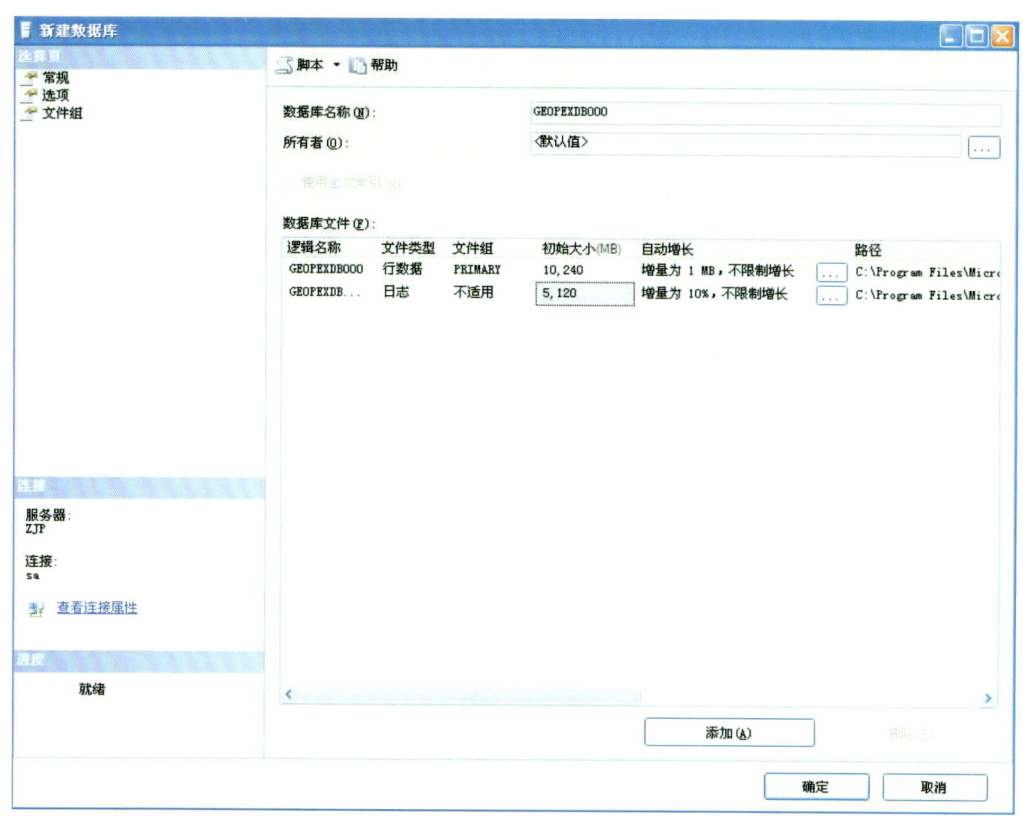

图 6-11　SQL 中建立数据库

表 6-1　数据库物理命名规定

序号	数据库分组名称(简称"分组")	数据库物理命名
0	省级潜力评价基础编图成果	GeoPEXDB000
1	铁矿种(组)潜力评价成果	GeoPEXDB001
2	铜矿种(组)潜力评价成果	GeoPEXDB004
3	铅矿种(组)潜力评价成果	GeoPEXDB005
4	锌矿种(组)潜力评价成果	GeoPEXDB006
5	钼矿种(组)潜力评价成果	GeoPEXDB010
6	金矿种(组)潜力评价成果	GeoPEXDB011
7	银矿种(组)潜力评价成果	GeoPEXDB012
8	磷矿种(组)潜力评价成果	GeoPEXDB018
9	硫矿种(组)潜力评价成果	GeoPEXDB019
10	萤石矿种(组)潜力评价成果	GeoPEXDB022

利用 GeoPEX 数据库注册子模块，注册数据库到 GeoPEX 系统，作为 GeoPEX 系统的数据源，使得 GeoPEX 系统可以依据指定权限访问（增、删、查、改）注册数据库内数据。如图 6-12 所示，选择数据库类型 Microsoft SQL Server，输入对应数据库所在服务器名（或 IP）、数据库名、用户名、密码。

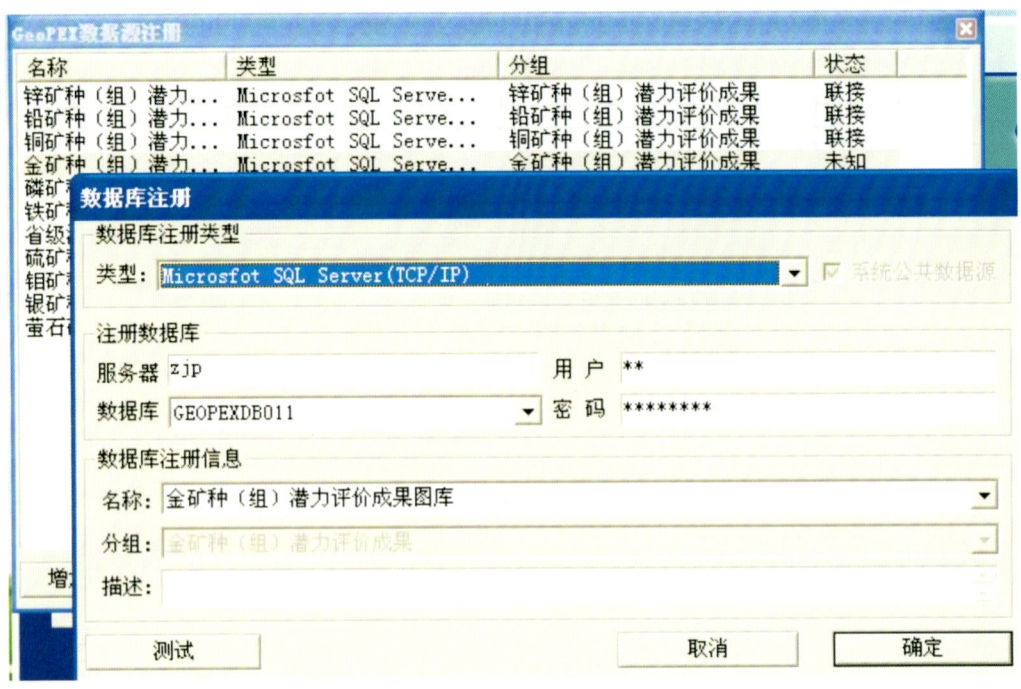

图 6-12　数据库注册界面

输入相关信息后，需测试数据库是否联机成功。点击"测试"，弹出如图 6-13 所示的"数据库联接成功！"对话框，则新注册数据库有效。否则新注册数据库无效，需检查数据库连接设置。

4. 查询方案配置

利用 GeoPEX 系统查询方案配置子模块建立了以下五类基本的查询方案：

(1) 省级行政区划范围图。
(2) 1∶25 万分幅接图表。
(3) 各矿种（组）预测工作区范围边界图。
(4) 各矿种（组）典型矿床研究区边界图。
(5) 各矿种（组）矿产预测类型范围分布图。
建立的查询方案如表 6-2 所示。

图 6-13　数据库联接成功

5. 数据投影转换

GeoPEX 软件系统中管理的空间数据库的空间坐标单位为度。在入库前，必须采用 GeoPEX 软件系统的投影转换模块进行转换（图 6-14），系统将记录投影前的参数，并生成图形"工程名.PAR"文件，以便在成果查询时可以恢复到原始投影参数。转换前检查投影正确性、图形参数正确性。转换完成后即可检查图件投影类型是否全部转化为地理坐标（图 6-15），否则，无法导入数据库。

表6-2 查询方案名称表

序号	基本查询方案名称	用途描述
1	查询方案_省级行政区划范围	用于查询江苏省行政区划范围相应成果
2	查询方案_1∶25万标准分幅接图表	用于查询江苏省潜力评价基础分幅编图成果
3	查询方案_铁矿种(组)预测工作区范围	用于查询铁矿种(组)潜力评价成果
4	查询方案_铁矿种(组)典型矿床研究区范围	
5	查询方案_铁矿种(组)矿产预测类型分布范围	
6	查询方案_铜矿种(组)预测工作区范围	用于查询铜矿种(组)潜力评价成果
7	查询方案_铜矿种(组)典型矿床研究区范围	
8	查询方案_铜矿种(组)矿产预测类型分布范围	
9	查询方案_铅矿种(组)预测工作区范围	用于查询铅矿种(组)潜力评价成果
10	查询方案_铅矿种(组)典型矿床研究区范围	
11	查询方案_铅矿种(组)矿产预测类型分布范围	
12	查询方案_锌矿种(组)预测工作区范围	用于查询锌矿种(组)潜力评价成果
13	查询方案_锌矿种(组)典型矿床研究区范围	
14	查询方案_锌矿种(组)矿产预测类型分布范围	
15	查询方案_钼矿种(组)预测工作区范围	用于查询钼矿种(组)潜力评价成果
16	查询方案_钼矿种(组)典型矿床研究区范围	
17	查询方案_钼矿种(组)矿产预测类型分布范围	
18	查询方案_金矿种(组)预测工作区范围	用于查询金矿种(组)潜力评价成果
19	查询方案_金矿种(组)典型矿床研究区范围	
20	查询方案_金矿种(组)矿产预测类型分布范围	
21	查询方案_银矿种(组)预测工作区范围	用于查询银矿种(组)潜力评价成果
22	查询方案_银矿种(组)典型矿床研究区范围	
23	查询方案_银矿种(组)矿产预测类型分布范围	
24	查询方案_磷矿种(组)预测工作区范围	用于查询磷矿种(组)潜力评价成果
25	查询方案_磷矿种(组)典型矿床研究区范围	
26	查询方案_磷矿种(组)矿产预测类型分布范围	
27	查询方案_硫矿种(组)预测工作区范围	用于查询硫矿种(组)潜力评价成果
28	查询方案_硫矿种(组)典型矿床研究区范围	
29	查询方案_硫矿种(组)矿产预测类型分布范围	
30	查询方案_萤石矿种(组)预测工作区范围	用于查询萤石矿种(组)潜力评价成果
31	查询方案_萤石矿种(组)典型矿床研究区范围	
32	查询方案_萤石矿种(组)矿产预测类型分布范围	

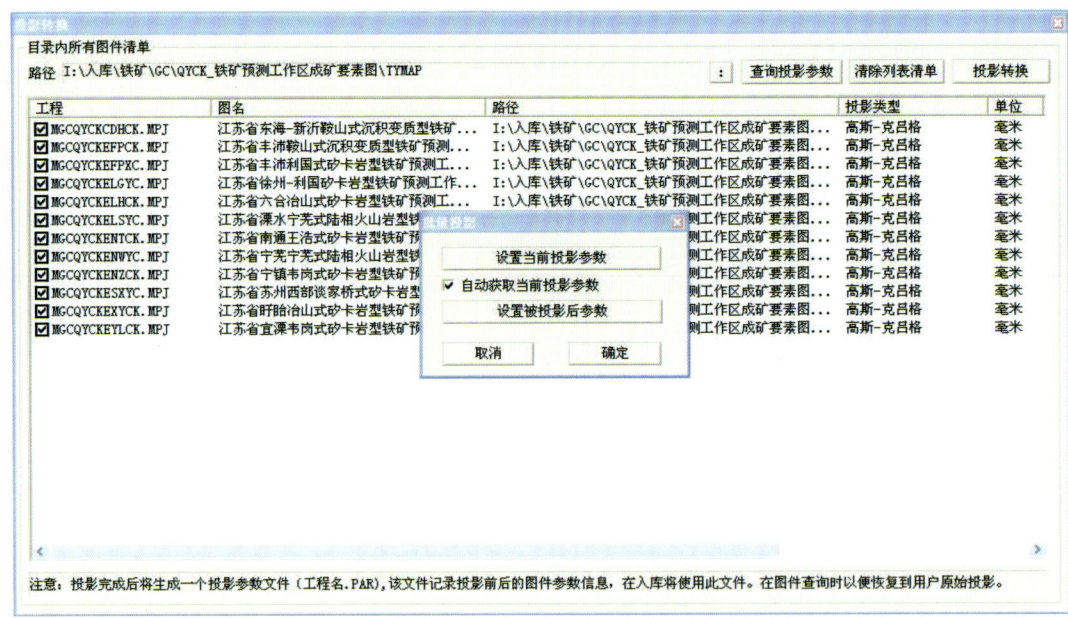

图 6-14 成批文件投影转换界面

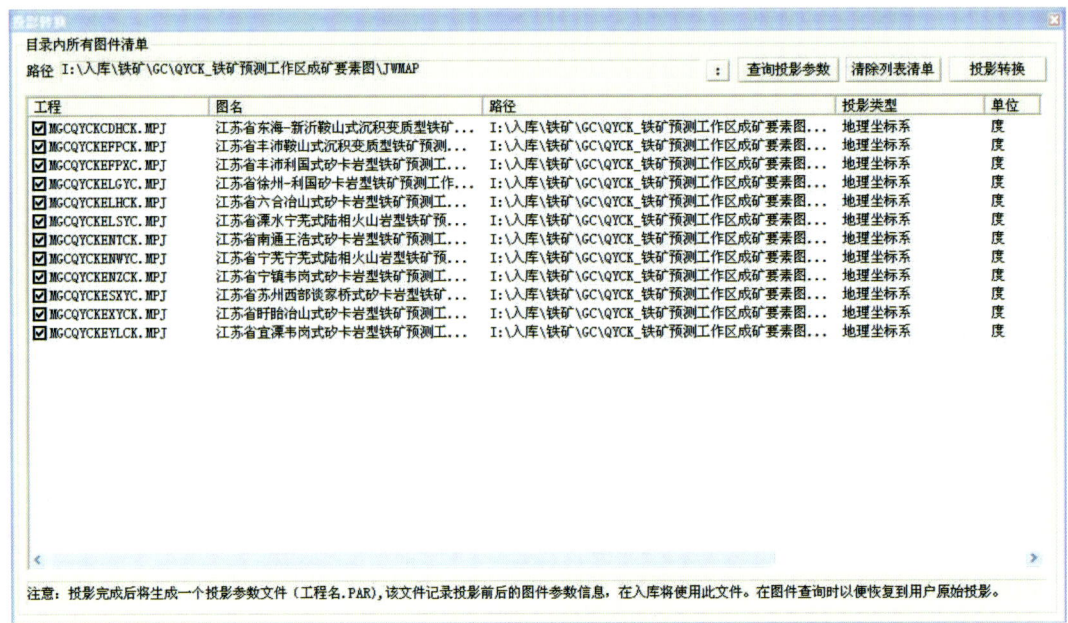

图 6-15 文件正确投影界面

6. 数据导入

省级基础编图成果和矿种(组)潜力评价成果需分类分库存放,根据要导入的图件,需设置相应的信息。图件入库时需要按照要求选择入库信息,如图 6-16 所示。

(1)数据库:要导入的图件存放数据库。该数据库必须和要导入的图件分类一致。

(2)行政区:导入图件所在的行政区。

(3)成果类型:导入图件分为两类:省级基础编图成果、矿种(组)潜力评价成果。

(4)矿种(组):如果为矿种(组)成果编图图件,需要选择相应的矿种(组)。

(5)所属专题:按"成矿地质背景研究、成矿规律研究、矿产预测研究、重力资料应用、磁测资料应用、化探资料应用、遥感资料应用、自然重砂资料应用"约定。

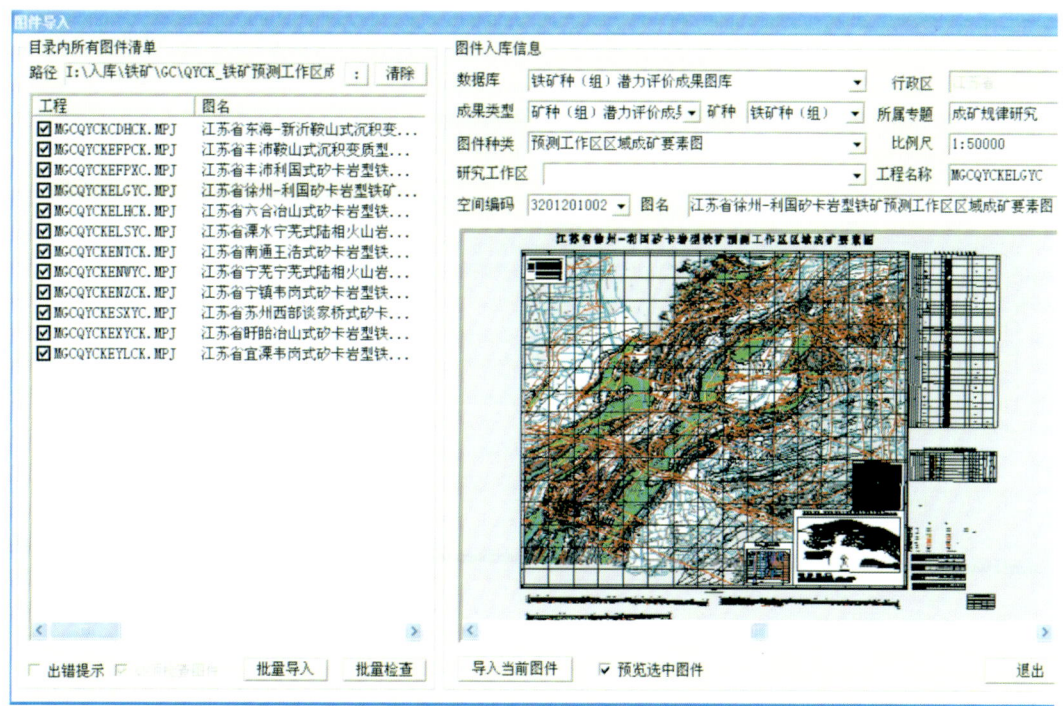

图 6-16　图件入库界面

可选择导入单个图件,也可批量导入。批量导入后需查看状态栏,确定所有图件是否都正确入库。

图件导入出现错误提示没法入库时(图 6-17),需取消导入并根据错误提示对图件进行修改后重新投影,重新入库。

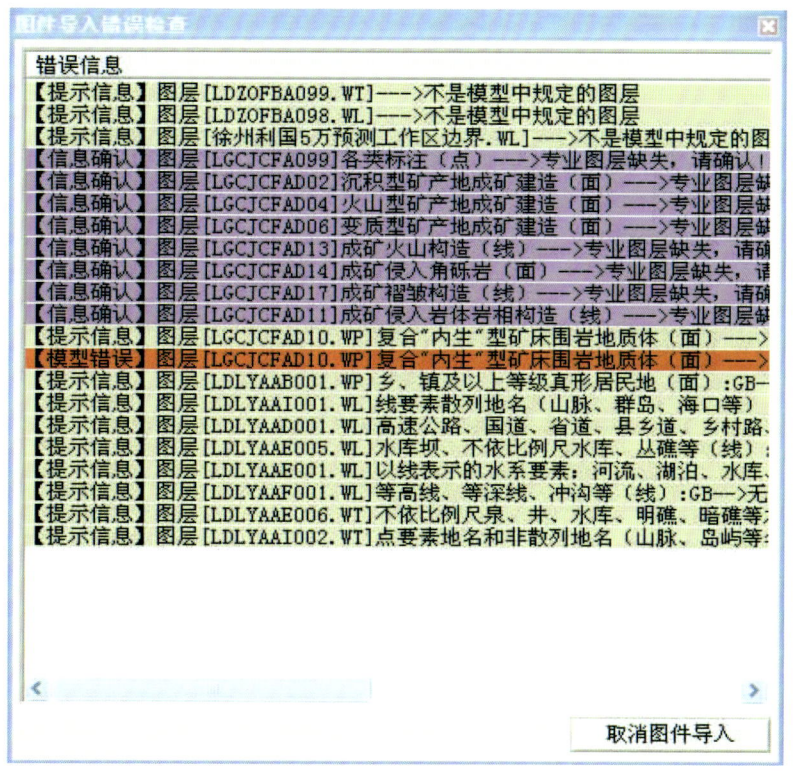

图 6-17　图件导入出错提示界面

图件导入完毕后,需要在图件维护模块中核实导入图件的数量与实际入库的数量是否一致。图件导入完成后再导入图件对应的说明书、元数据等相关附件(图 6-18)。

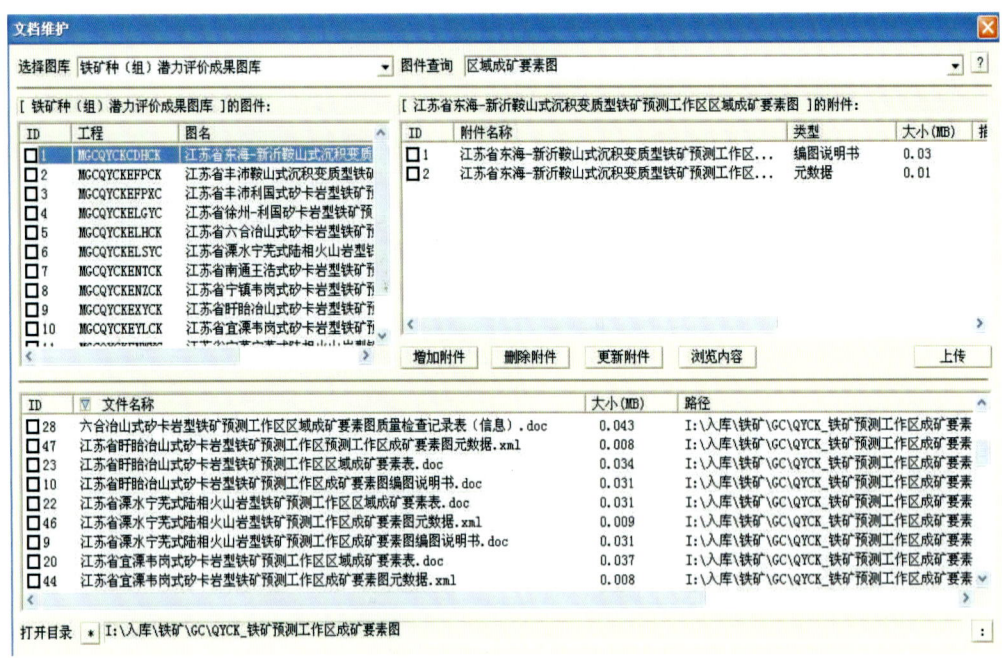

图 6-18 附件导入界面

7. 图件维护

已入库的图件,其图件信息、图层信息可能存在拼写或其他错误,利用"图件维护模块",可以更新已入库的图件信息、图层信息,还可以删除已入库的图件、图层等。

如图 6-19 中,因图件入库时图件种类选择错误,而不必删除图件重新入库,直接修改已经入库的图件种类。其他图件信息同样可按此方法修改。

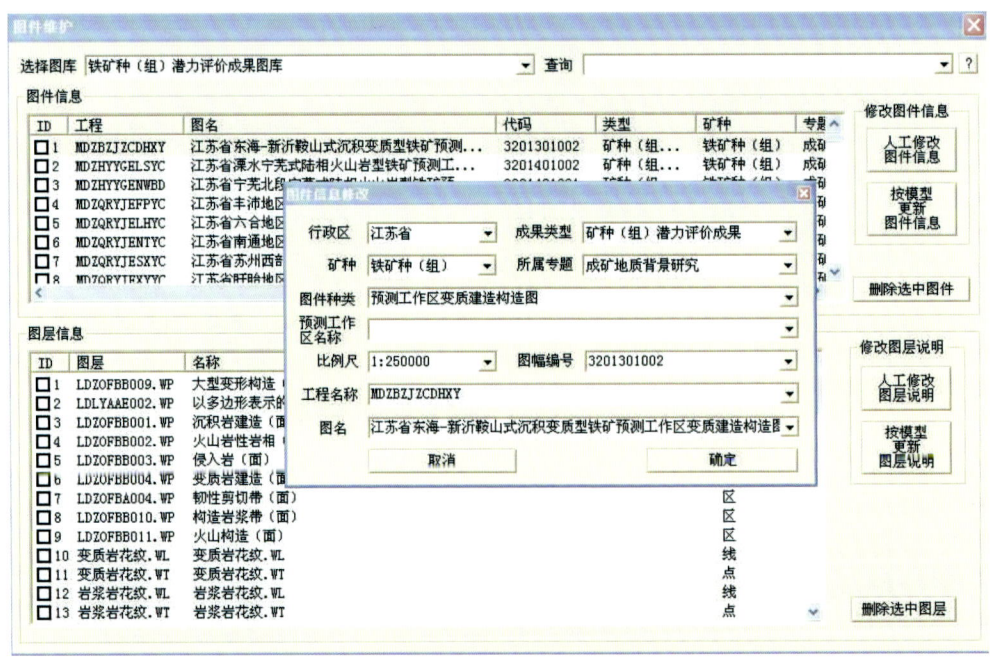

图 6-19 图件维护界面

8. 数据备份

完成集成建库后需要进行数据备份,以便提交集成数据库成果。利用 GeoPEX 系统的数据备份功能模块完成入库数据的备份。设置"备份方案"及单个矿种的"备份远程数据库设置"即可完成数据的备份(图 6-20、图 6-21)。

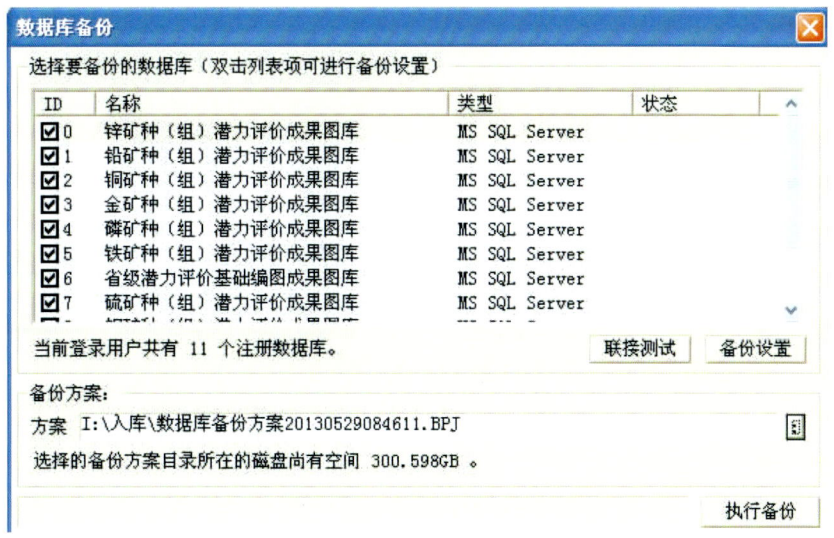

图 6-20 数据库备份方案设置

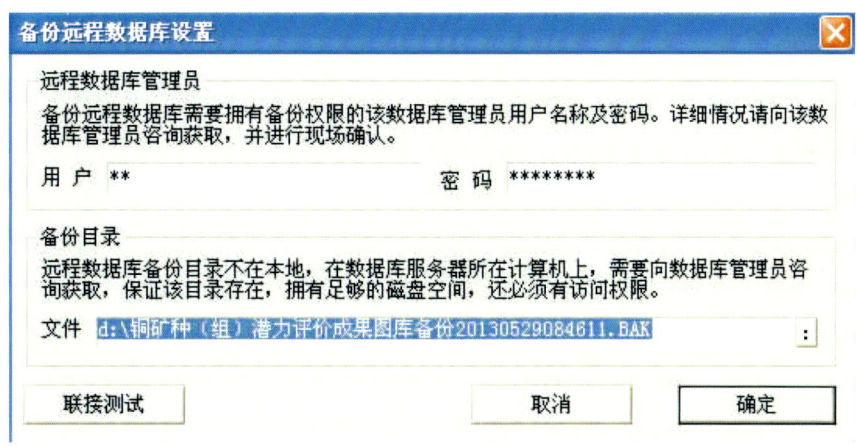

图 6-21 备份远程数据库设置

SQL 数据库备份则需提交包括各数据库主文件"*.mdf"及日志文件"*.ldf"。登录 SQL 并且在 SQL Server Management Studio 中选择要拷贝的数据库,使其处于脱机状态(图 6-22),成功脱机如图 6-23 所示。脱机后即可拷贝数据库文件,两个文件同时拷贝,包括数据库文件及日志文件。

四、集成数据库成果

江苏省集成的数据库成果包括省级潜力评价基础编图成果图库(GeoPEXDB000.mdf)、铁矿种(组)潜力评价成果图库(GeoPEXDB001.mdf)、铜矿种(组)潜力评价成果图库(GeoPEXDB004.mdf)、铅矿种(组)潜力评价成果图库(GeoPEXDB005.mdf)、锌矿种(组)潜力评价成果图库(GeoPEXDB006.mdf)、钼矿种(组)潜力评价成果图库(GeoPEXDB010.mdf)、金矿种(组)潜力评价成果图库(GeoPEX-

DB011.mdf)、银矿种(组)潜力评价成果图库(GeoPEXDB012.mdf)、磷矿种(组)潜力评价成果图库(GeoPEXDB018.mdf)、硫矿种(组)潜力评价成果图库(GeoPEXDB019.mdf)、萤石矿种潜力评价成果图库(GeoPEXDB022.mdf)。入库的具体内容主要包括江苏省各专题组完成的成果图件、编图说明书、元数据、报告等及其他相关文档资料。

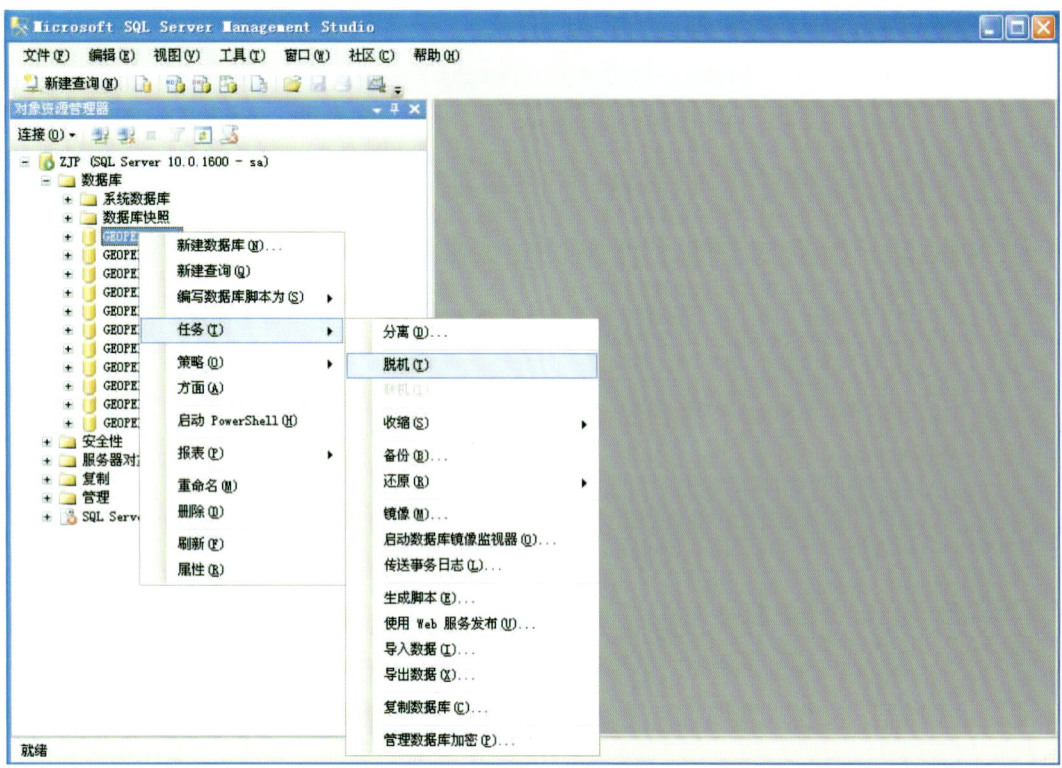

图 6-22 SQL 数据库脱机设置

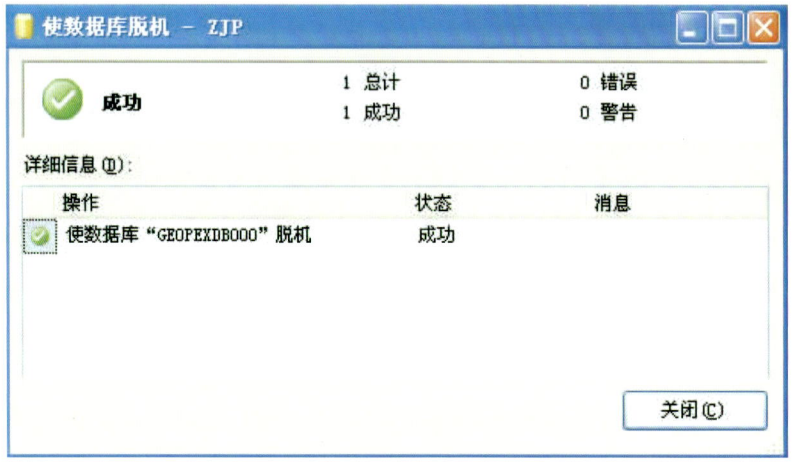

图 6-23 SQL 数据库脱机成功

五、集成数据库质量综述

1. 入库图件质量

入库的图件主要是属于全国矿产资源潜力评价数据模型规定成果,这部分成果完全符合"全国矿产资源潜力评价项目办 2010 年 35 号文"的规定。

单个图件入库前必须符合数据模型规定方能顺利入库,主要从以下几个方面确保图件与数据模型规定一致:

(1)图层属性值域(主要指下属词)符合模型规定。
(2)图层属性结构、字段长度、类型与数据模型规定一致。
(3)图层名称符合数据模型规定。
(4)图件名称符合数据模型规定。
(5)图件地图投影参数正确,与数据模型规定一致。
(6)图件空间拓扑正确,应用全国项目组开发的 GeoTOK 软件进行反复检查、修改,直至消除所有拓扑错误,达到零缺陷状态,满足成果数据库的空间查询、分析、管理等操作。
(7)图件使用的 MapGIS 图件系统库与全国矿产资源潜力评价项目办规定的统一系统库一致。

2. 相关附件质量

每一个入库图件及属性库,均具备编图说明书、元数据文件(XML 格式、自由文本 TXT 格式)。

编图说明书文件名称使用"图件中文名称"+"编图说明书"+".doc"的模式命名;元数据文件名使用"图件中文名称"+"元数据"+".xml"的模式命名(适合 XML 格式)和"图件中文名称"+"元数据"+".txt"(适合自由文本 TXT 格式)。

3. 省级项目组汇总综合研究成果质量

省级各专题按相关专题省级汇总技术要求规定需要提交的图件及其属性库、遥感影像、编图说明书、图件元数据、文档报告、数据表格以及相关内容清单等,专业方面符合全国各专业汇总组制定的相关省级汇总技术要求,数据库方面参照"全国矿产资源潜力评价项目办 2010 年 35 号文"执行。

4. 集成数据库质量

图件导入时确保矿种选择正确,数据库和要导入的图件分类一致。导入后检查导入的数量是否与图件数量一致,有不同图件工程的文件名一样时会认为重复导入,必须修改工程文件名后重新导入,确保所有图件正确入库。

附件导入时确保每个附件挂靠正确。

第六节 集成数据库应用介绍

江苏省矿产资源潜力评价集成数据库在 GeoPEX 软件系统的支持下,既可以对成果进行集中管理,又能按图件类型、专题内容、空间范围(省行政区范围、预测工作区、典型矿床研究区或任意指定空间范围)、属性条件等方式查询检索出已入库的内容,辅助相关专业开展综合编图及专题研究。

一、功能介绍

数据查询检索是建库管理系统 GeoPEX 的主要应用功能模块。其他系统配置模块(数据库注册、查询方案配置、MapGIS 环境设置)、用户管理模块(用户管理、注销登录)、数据导入模块(投影转换、图件导入、图件维护、文档维护)、数据库备份与恢复等模块,均是围绕图件查询提供基础服务的。为了提高查询、检索的速度,图件查询模块在功能操作方面也体现出粗略查询(即"粗查")与精细查询(即"精查")的配合。

数据查询模块功能分两大类:辅助功能、实用功能。

辅助功能：①设置粗略属性条件；②设置精细属性条件；③装入查询方案；④从查询方案选取空间条件；⑤从键盘输入空间范围条件；⑥选择图件查看挂接的附件。

实用功能：①从数据库中，检索并浏览指定图件；②从数据库中，检索满足属性条件的图层；③从数据库中，检索满足属性条件的图元；④从数据库中，检索满足空间条件的图件；⑤从数据库中，检索满足空间条件的图层；⑥从数据库中，提取并浏览图元的属性；⑦浏览图件挂接的附件；⑧保存查询工程；⑨保存 MapGIS 图形工程；⑩图件的导出（投影图件、原样分幅图件、经纬分幅图件）。

根据江苏省实际情况，配置了 5 个基本查询方案存在 GeoPEX 系统内：①江苏省行政区划范围图；②1∶25 万分幅接图表；③各单矿种（组）预测工作区范围边界图；④各单矿种（组）典型矿床研究区边界图；⑤各单矿种（组）矿产预测类型范围分布图。

查询方案的图层构成及图层属性字段定义（特征代码、图元编号、专题属性项）与填写内容统一规定符合《省级矿产资源潜力评价资料性成果集成建库实施技术指南》要求。查询主界面如图 6-24 所示。

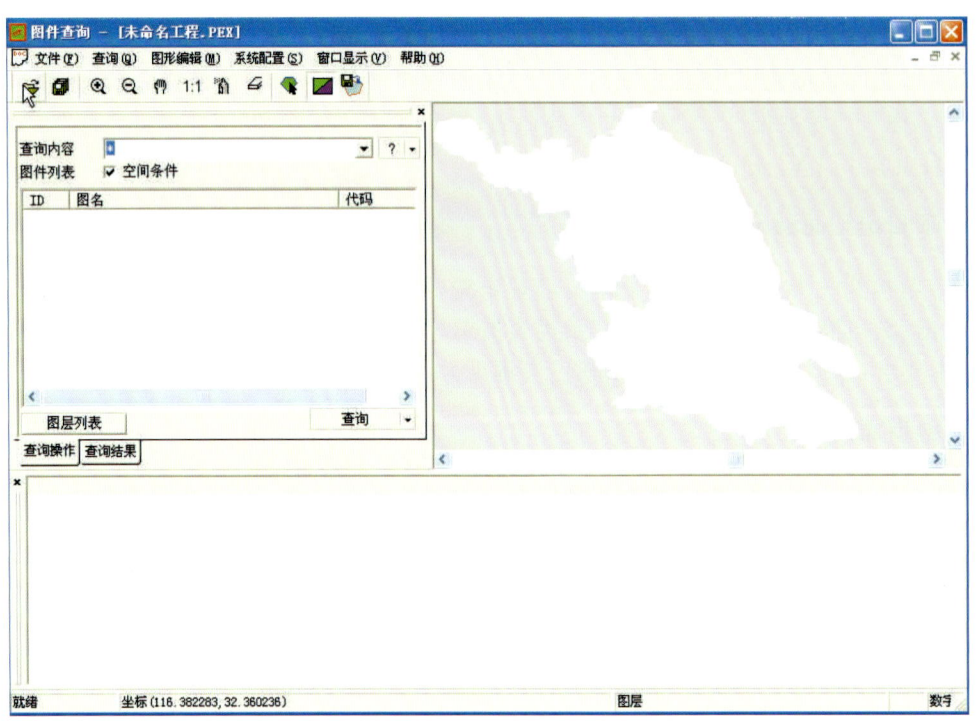

图 6-24　数据查询模块主界面

图件查询模块主界面面板可分八大功能区，每个功能区名称及作用描述如下：

(1) 主菜单条区，即图件查询模块主菜单工作区。

(2) 主工具条区，即图件查询模块主工具工作区。

(3) 粗略查询区，包括关键字查询设置高级设置、关键字输入、关键字查询按钮、图幅联动按钮、显示范围按钮、图件列表。

(4) 精细查询区，包括启用范围按钮、全部属性按钮、图层列表。

(5) 图形查询工作区。

(6) 图形工程工作区。

(7) 图形显示区，即主要显示检索的结果图形。

(8) 图元属性/执行结果显示区，即显示指定图层的属性数据，也显示操作执行结果。

二、实用功能操作

1. 从数据库中检索并浏览指定图件

在图件查询模块主界面粗略查询区中(图6-25),点击"查询高级设置",弹出查询高级设置对话框,勾选需要查询的数据库,勾选图件信息、图层信息、图元信息。

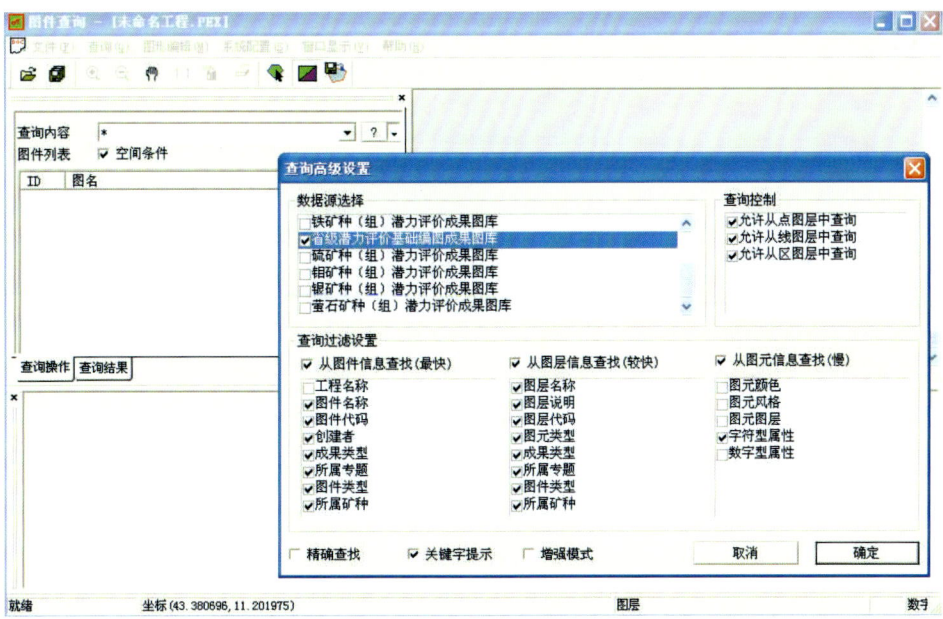

图6-25　设置查询条件

在图件查询模块主界面关键字输入区中,输入图件名称关键字,如输入"建造构造图"点击按钮"?",即可查询到江苏省及上海市建造构造图的图件列表(图6-26)。

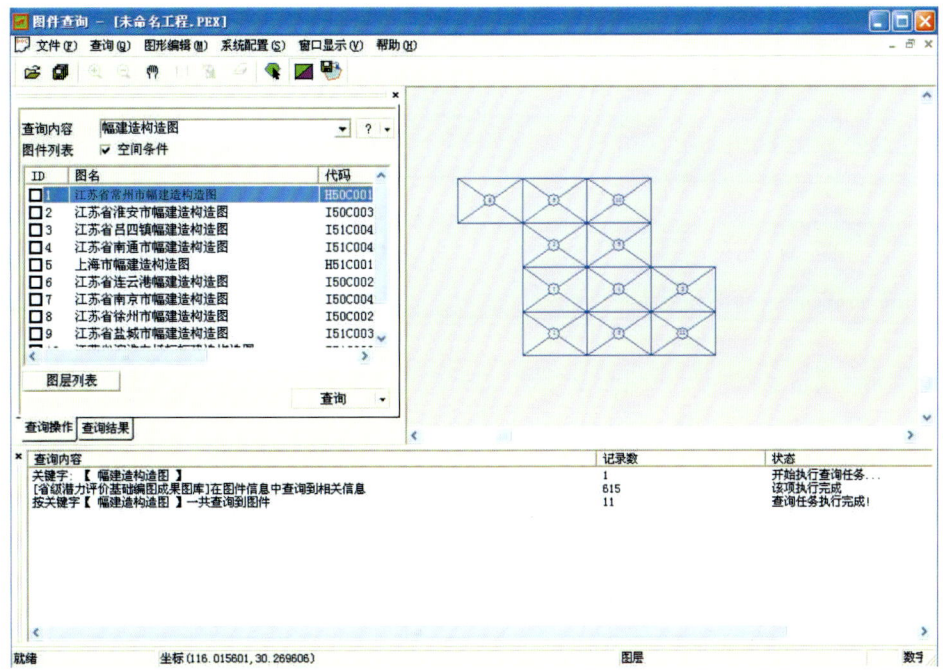

图6-26　查询图库结果

在图件查询模块主界面勾选单一图件,点击"图层列表",再点击"查询"即可浏览指定图件(图6-27),显示"江苏省常州市幅建造构造图"。此项检索方式方便用户根据输入相关图件名称的关键字提取完整的图幅内容,制作图册或专业要素的提取。

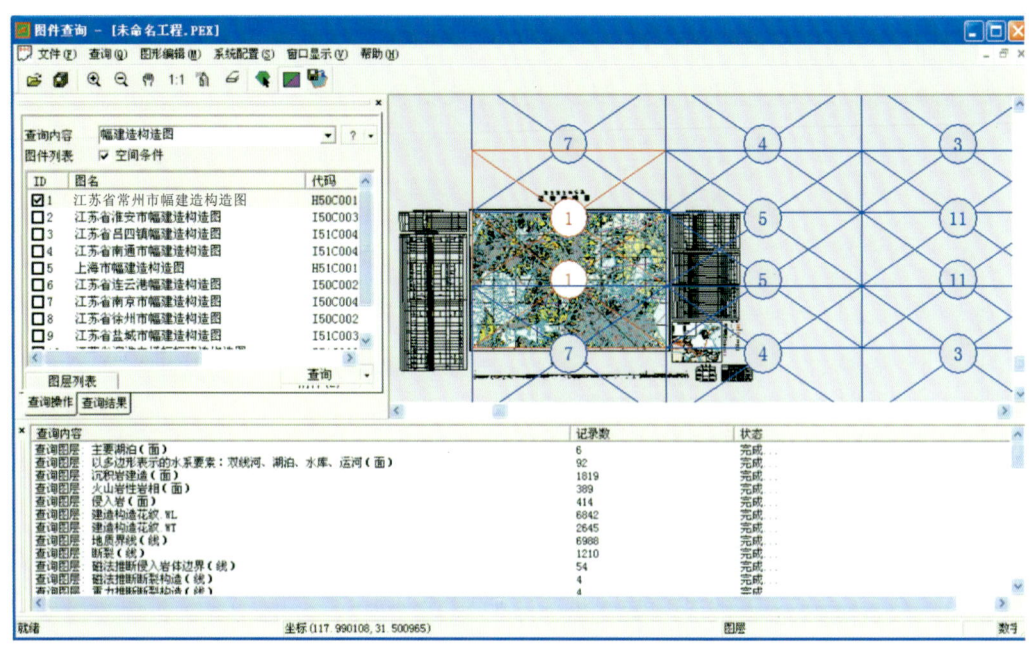

图 6-27 浏览指定图件

2. 从数据库中检索满足属性条件的图层

在图件查询模块主界面关键字输入区中(图6-28),输入图层名称关键字信息,如侵入岩(面),点击"?"按钮,再点击"图层列表"即查询到所设图库(省级潜力评价基础编图成果图库)中满足关键字"侵入岩(面)图层"的图件列表。

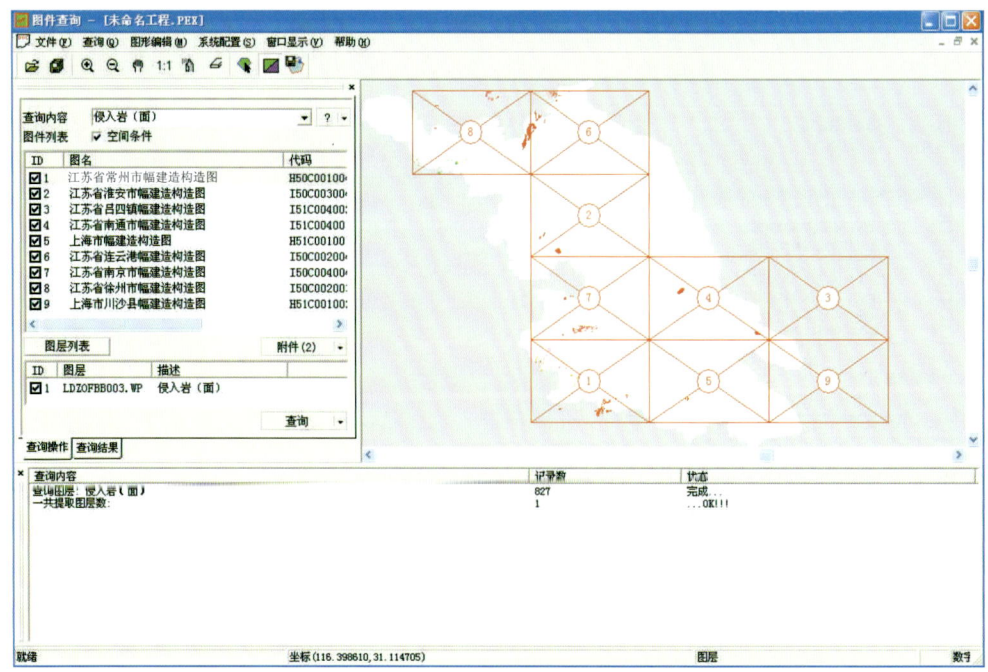

图 6-28 查询图层结果

在导出属性设置窗口中,勾选上需要导出属性的图层,如侵入岩(面),回到图件查询模块主界面表中,点击按钮"1:1",显示已检索的多个图件中满足关键字的图层。图6-28显示出已查询到江苏省及上海市省级潜力评价基础编图成果图库中侵入岩图层内容分布情况。

3. 从数据库中检索满足属性条件的图元

在前面查询检索满足属性条件的图层的基础上,点击"查询"下拉菜单中的"导出属性设置"菜单,在属性设置对话框中双击某个图层,如侵入岩(面),弹出字段设置话框,勾选需要检索的字段,确定。在查询界面中切换到图形工程,选中已检索的图层,右键弹出浮动菜单中点击"查询属性",即可检索出满足属性条件的图元(图6-29)。此项检索方式可为用户提取不同图件中同一专题图层内容,辅助编制某一区域或全省专题图件,为矿产勘查工作部署提供信息服务。

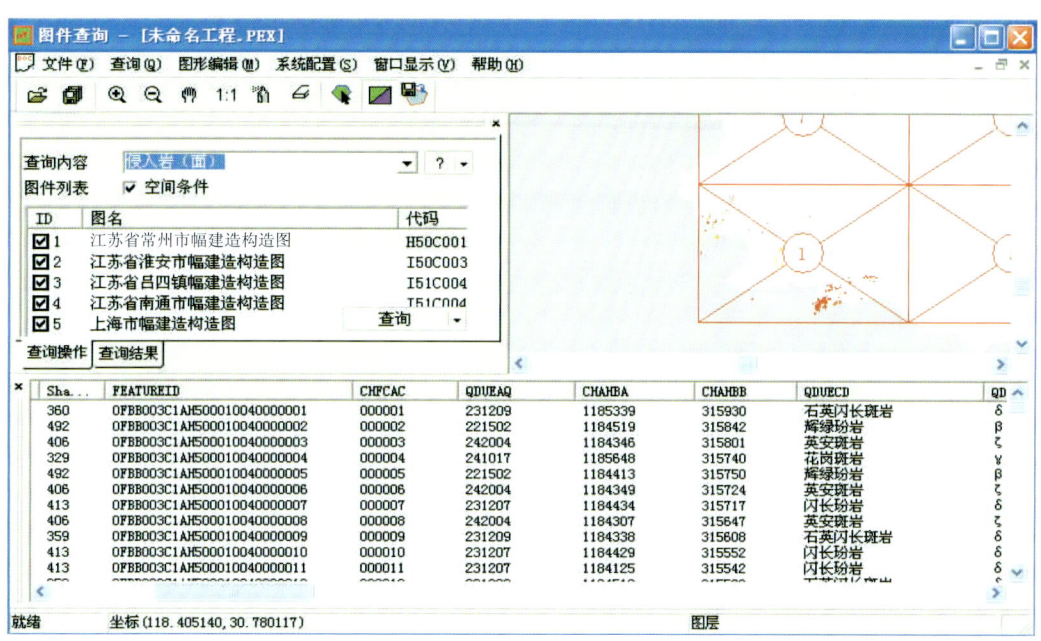

图6-29 查询图元属性结果

4. 从数据库中检索满足空间条件的图件

在图件查询模块主界面中切换到"查询结果"界面的图层列表,勾选可作为空间范围条件的图层(如市界图层),使用选择工具,选中空间范围,输入查询内容(如建造构造图),点击按钮"?",则检索出落入空间范围内的两个图件(图6-30)。此项检索方式可提取任意区域内的内容,为用户编制某一行政区范围内专题图提供专业信息内容。

勾选要查询的图件(如江苏省常州市幅建造构造图)",点击"查询",显示已检索出的图件。默认的是全部图层参与裁剪。若需裁剪部分图层,可在图层列表中勾选所需图层再执行查询即可。查询结果如图6-31所示。

5. 保存查询工程

在图件查询模块主界面中,单击工具条中的保存按钮,在弹出的"保存为"对话框中输入查询工程文件名称,点击按钮"保存",即完成保存查询工程操作。保存类型为GeoPEX方案(*.PEX)。

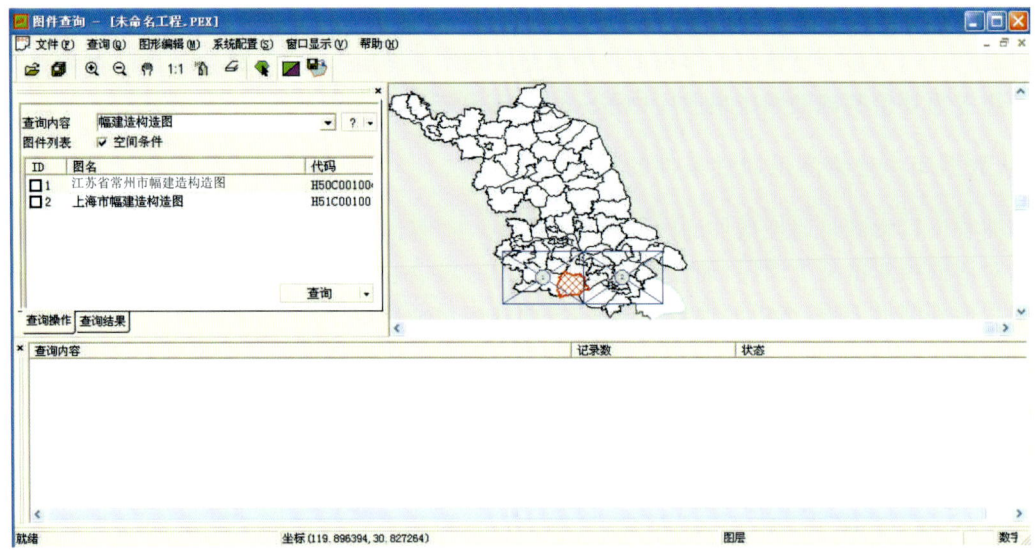

图 6-30 空间范围内查询结果

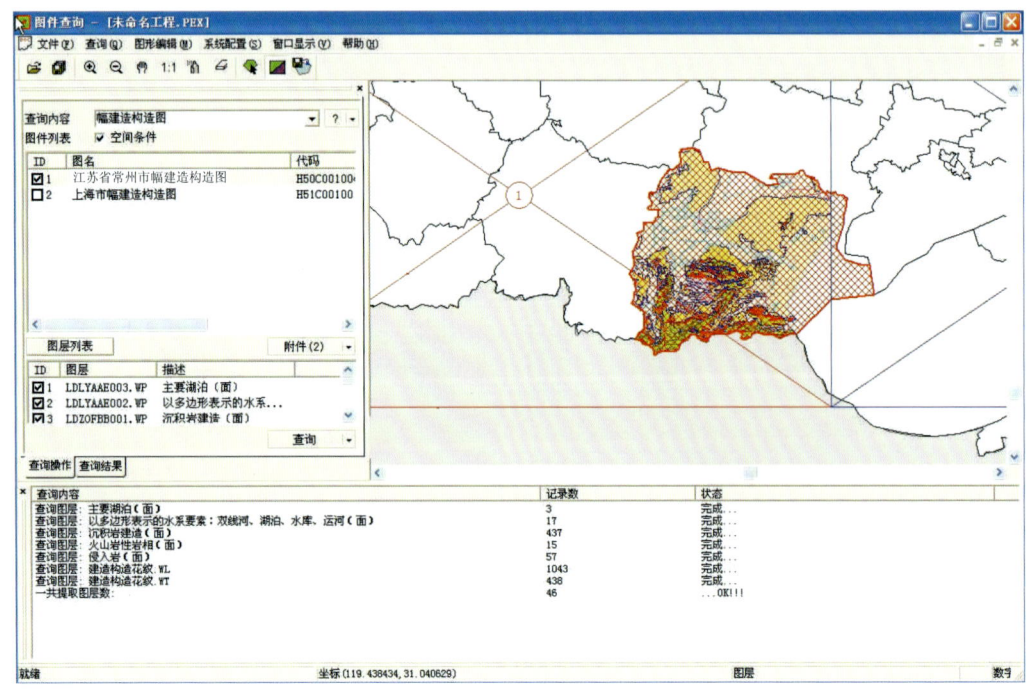

图 6-31 满足空间范围的查询结果

6. 浏览图件挂接的附件

在图件列表窗口中单击选择图件时,将在附件后显示当前图件挂接的附件个数。点击附件按钮下拉菜单,将弹出挂接的附件信息。图 6-32 显示江苏省常州市幅建造构造图所挂接的 4 个附件信息。选择某个附件即可导出并保存到本机。

7. 图件导出

在"查询"按钮弹出的菜单中有导出图件功能,如图 6-33 所示为"导出投影图件",输入投影参数,即可导出相应投影类型的图件,也可导出原始图件和经纬图件。

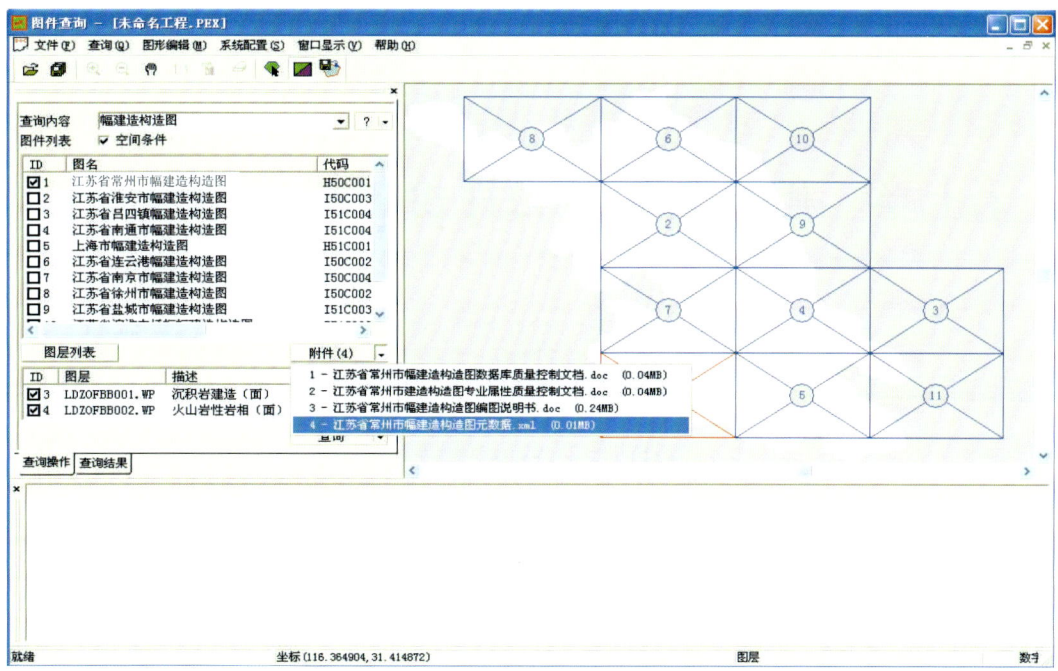

图 6-32　浏览图件挂接的附件

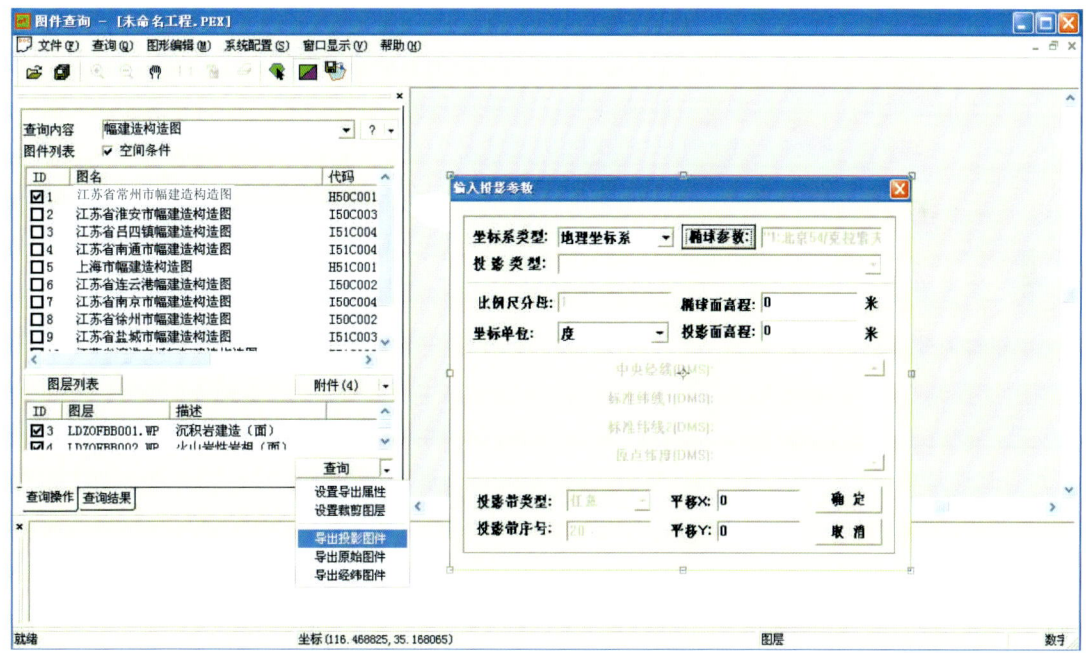

图 6-33　导出投影图件

数据的集成管理及查询检索为成果的应用提供了非常便捷的方式，不同的查询检索方式，可提取不同的信息，以满足用户的不同需求。目前，项目成果已成为省级"地质找矿战略突破行动计划"实施方案编制、省级矿业权设置方案编制、省级"十二五"地质勘查规划编制、矿产远景评价专项、省级地质勘查基金项目设置的重要依据，将有效指导后续矿产资源勘查的规划部署，为实现江苏省深部找矿的重大突破提供强有力的技术支撑和信息服务。

第七章　矿产资源潜力评价成果应用与服务

本章简要介绍了江苏省及上海市矿产资源潜力评价的成果应用服务情况,并为今后的成果应用提出了方向。

矿产资源潜力评价工作是对江苏省现有的资料进行一次全面的收集、综合整理和分析,对各矿种的成矿规律及矿产的分布规律进行详细研究,圈定了Ⅳ、Ⅴ级远景区和各矿种未来勘查工作部署区,对各矿种矿产资源潜力做了预测评价,应用 GIS 技术进行空间数据处理、信息提取和矿产资源潜力评价空间数据库建设,形成了大量的地质背景、成矿规律及矿产预测、重力、磁测、遥感、化探及自然重砂成果资料,包括文字资料和图件数据库资料,对今后全国矿产资源潜力评价工作常态化,矿产资源调查及其工作部署、矿产勘查等工作均具有十分重要的战略意义。目前其成果已在一些相关项目中得到应用,使项目研究取得了很好的效果。成果资料主要应用在以下几个方面。

1. 在江苏省矿业权设置方案中应用了本项目的相关地质和矿产内容

江苏省矿业权设置方案是按照国土资源部文件要求,在对江苏省矿产勘查进一步细化和完善勘查风险分类的基础上,确定的探矿权采矿权设置布局。在编制过程中,根据江苏省矿产资源潜力评价划定的最小预测区及其找矿前景潜力,进行了探矿权区块空间划分和矿权投放时序的安排,江苏省矿产资源潜力评价成果成为一类矿种(铜、金、铁、铅、锌等矿种)矿业权设置方案编制的主要依据,其成果资料为科学编制江苏省矿业权设置方案奠定了坚实的基础,大大提高了矿业权设置的科学性。

2. 在江苏省宜溧铁铜矿远景调查项目中地球化学综合异常应用于远景调查工区的选择

(1)重点调查区圈定。2009 年以来,江苏省地质调查研究院先后承担了宁镇、溧水、宜溧以及盱眙地区铁铜矿远景调查项目,本次采用 1∶5 万土壤或水系沉积物测量数据圈定地球化学综合异常,较好地应用于矿产调查重点区的圈定。如宁镇远景调查鸡笼山—射乌山、伏牛山—九华山、芙蓉山—五洲山均处于宁镇中段 Cu、Mo、Pb、Zn、Ag、Au 等元素高背景带上,区内的综合异常在宁镇地区异常评序结果中均处于前列,显示出较好的地球化学找矿标志。溧水远景调查丁公山—笔架山重点区显示很好的水系沉积物 Cu、Au 异常,多呈北西向分布,与区内主要构造破碎带方向基本一致。宜溧远景调查的周城—社渚重点调查区 1∶5 万水系沉积物显示出很好的 W、Sn、Mo、Cd 等综合异常,悬脚岭重点调查区的 Cu、Sn 异常等都作为了远景调查矿产重点检查的目标。盱眙地区 Cu、Mo、Ba 等元素综合异常都作为重点查证的依据,因此可以看出,本次地球化学资料(尤其是 1∶5 万)很好地应用于近年来远景调查重点区选区依据。

(2)找矿效果。随着矿产远景调查重点区工作的深入开展,如 1∶1 万土壤测量工作发现了一大批具有较好找矿意义的异常,发现了不少矿(化)点,如马场铜金矿点,探槽采样分析,金含量0.27×10^{-6}~18×10^{-6},钻孔中见到多层薄层状铜金矿体,金平均含量 0.35×10^{-6},铜平均含量 1.37%;伏牛山铜钼金综合异常边部钻孔揭露发现了铜、钼矿体。溧阳圈定的钨、锡、铜多元素综合异常作为远景调查的异常查证目标,经 1∶1 万土壤测量,发现钨、锡、铜等元素异常重现性较好,元素含量显著偏高,经探槽揭露,在石英闪长斑岩与钙质泥岩接触带发现了多条钨矿化体(WO_3 含量 0.052%~0.20%)。随着远景调查项目后期钻孔验证,可能会继续发现一些重要找矿成果。

3. 在江苏省矿产资源规划项目中参考了本项目的单矿种成矿区带的划分,使得江苏省矿产资源规划依据充分

江苏省矿产资源潜力评价成果后期的服务工作正在思考和筹划中。在后期的工作中,对矿产资源潜力评价成果资料如有需求,且符合资料保密相关规定,我们将会尽力提供相应的成果资料,满足各方工作要求,使得体现矿产资源潜力评价工作成果更有意义。

第八章 结 语

本章概括性总结了江苏省矿产资源潜力评价综合信息专题取得的主要工作成果,针对本项目存在的一些问题提出了建议和展望。

第一节 主要工作成果

江苏省及上海市矿产资源潜力评价综合信息集成专题是江苏省及上海市矿产资源潜力评价项目的子专题之一。历时6年,对相关基础数据库进行了维护和更新,完成了江苏省及上海市铁、铜、铅锌、金、磷、钼、银、硫、萤石矿资源潜力评价成果数据库建设和成果集成建库工作,形成了一批重要的成果资料,为矿产资源管理、矿产勘查工作部署提供信息数据和信息支撑。

(1) 系统整理和总结了江苏省地质工作程度数据库、矿产地数据库等基础数据库的现状,为江苏省矿产资源潜力评价工作的开展奠定了基础。

(2) 通过数据库维护工作,形成了江苏省基础数据库维护成果,为今后地质矿产工作提供了基础数据。

(3) 通过支撑江苏省矿产资源潜力评价专题图件及属性库建设,探索了一套适合本省的专题数据库编图和建库的技术方法和流程,为专题数据库的建设提供了技术支撑。

支撑成矿地质背景专题组完成了江苏省及上海市矿产资源潜力评价成矿地质背景研究成果图件数据库建设58个(表8-1)。

表8-1 成矿地质背景研究专题成果图及属性库数量表　　　　　　　　(单位:个)

图件分类	省级基础	铁矿	铜矿	铅锌矿	金矿	磷矿	硫铁矿	钼矿	银矿	萤石矿	合计
分幅实际材料图	5										5
分幅建造构造图	11										11
省级大地构造相图	1										1
预测工作区建造构造图			1	1	6				1		9
预测工作区变质建造构造图		1			1						2
预测工作区火山岩性岩相构造图		2	1	1	1	1	2				8
预测工作区侵入岩浆构造图		9	3	2	1		2	3	1	1	22
合计	17	12	5	4	8	2	4	3	2	1	58

支撑成矿规律及矿产预测专题组完成了江苏省及上海市矿产资源潜力评价成矿规律研究及矿产预测成果图件数据库建设238个(表8-2)。

表8-2 成矿规律及矿产预测专题成果图及属性库数量表 （单位:个）

图件分类	铁矿	铜矿	铅锌矿	金矿	磷矿	硫铁矿	钼矿	银矿	萤石矿	合计
典型矿床成矿要素图	12	5	3	5	2	3	2	2	1	35
典型矿床预测要素图	12	5	3	5	2	3	2	2	1	35
预测工作区区域成矿要素图	12	5	4	8	2	4	3	2	1	41
预测工作区区域预测要素图	12	5	4	8	2	4	3	2	1	41
预测工作区矿产预测类型预测成果图	12	5	4	8	2	4	3	2	1	41
省级成果图	5	5	5	5	5	5	5	5	5	45
合计	65	30	23	39	15	23	18	15	10	238

支撑重力专题组完成了江苏省及上海市矿产资源潜力评价重力资料应用图件数据库建设268个(表8-3)。

表8-3 重力专题成果图及属性库数量表 （单位:个）

图件分类	省级基础	铁矿	铜矿	铅锌矿	金矿	磷矿	硫铁矿	钼矿	银矿	萤石矿	合计
布格重力异常图	1	18	8	7	7	3	8	3	4	2	61
剩余重力异常图	1	18	8	7	7	3	8	3	4	2	61
重力工作程度图	1	12	5	4	5	2	4	2	2	1	38
重力推断地质构造图	1	12	5	4	5	2	4	2	2	1	38
典型矿床布格重力异常图		12	5	3	5	2	3	2	2	1	35
典型矿床剩余重力异常图		12	5	3	5	2	3	2	2	1	35
合计	4	84	36	28	34	14	30	14	16	8	268

支撑磁测专题组完成了江苏省及上海市矿产资源潜力评价磁测资料应用图件数据库建设333个(表8-4)。

表8-4 磁测专题成果图及属性库数量表 （单位:个）

图件分类	省级基础	铁矿	铜矿	铅锌矿	金矿	磷矿	硫铁矿	钼矿	银矿	萤石矿	合计
航磁(地磁)工作程度图	2										2
磁异常分布图	1	12									13
磁法推断磁性矿产分布图	1	12									13
磁法推断地质构造图	1	12	5	4	5	2	4	2	2	1	38
航磁ΔT等值线平面图	1	24	10	8	10	4	4	2	2	1	66

续表 8-4

图件分类	省级基础	铁矿	铜矿	铅锌矿	金矿	磷矿	硫铁矿	钼矿	银矿	萤石矿	合计
航磁 ΔT 化极等值线平面图	1	24	10	8	10	4	4	2	2	1	66
航磁 ΔT 化极垂向一阶导数等值线平面图	1	24	10	8	10	4	4	2	2	1	66
地磁等值线平面图		6	3	3	2	1	4	1	2	1	23
地磁化极等值线平面图		6	3	3	2	1	4	1	2	1	23
地磁化极垂向一阶导数等值线平面图		6	3	3	2	1	4	1	2	1	23
合　计	8	126	44	37	41	17	28	11	14	7	333

支撑遥感专题组完成了江苏省及上海市矿产资源潜力评价遥感资料应用图件数据库建设 120 个（表 8-5）。

表 8-5　遥感专题成果图及属性库数量表　　　　　　　　　　　　　（单位：个）

图件分类	省级基础	铁矿	铜矿	铅锌矿	金矿	磷矿	硫铁矿	钼矿	银矿	萤石矿	合计
省级遥感异常组合图	1										1
省级遥感构造解译图	1										1
分幅遥感矿产地质特征解译图	11										11
分幅遥感羟基异常图	11										11
分幅遥感铁染异常图	11										11
典型矿床遥感矿产地质特征与近矿找矿标志解译图			2	1	1						4
预测工作区遥感矿产地质特征与近矿找矿标志解译图		12	3	3	5	2	4	3	2	1	35
预测工作区遥感羟基异常分布图		12	3	3				3	2		23
预测工作区遥感铁染异常分布图		12	3	3				3	2		23
合　计	35	36	11	10	6	2	4	9	6	1	120

支撑化探专题组完成了江苏省及上海市矿产资源潜力评价化探资料应用图件数据库建设 484 个（表 8-6）。

支撑自然重砂专题组完成了江苏省及上海市矿产资源潜力评价自然重砂资料应用图件数据库建设 122 个（表 8-7）。

（4）完成了江苏省及上海市矿产资源潜力评价成果集成数据库建设。

（5）编写了江苏省及上海市矿产资源潜力评价综合信息集成专题成果报告，参与编写了江苏省及上海市矿产资源潜力评价总成果报告的部分章节内容。

表 8-6 化探专题成果图及属性库数量表 （单位:个）

图件分类	省级基础	铁矿	铜矿	铅锌矿	金矿	磷矿	硫铁矿	钼矿	银矿	萤石矿	合计
省级地球化学组合样点位图	1										1
省级地球化学景观图	1										1
省级地球化学推断地质构造图	1										1
省级地球化学工作程度图	1										1
省级地球化学找矿预测图			1	1	1		1	1	1		6
单元素地球化学图	39	42	44	37	21		12	13			208
单元素地球化学异常图	39	46	52	50	24		12	16			239
地球化学综合异常图	6	4	4	5	4		2	2			27
合　计	88	93	101	93	50		27	32			484

表 8-7 自然重砂专题成果图及属性库数量表 （单位:个）

图件分类	省级基础	铁矿	铜矿	铅锌矿	金矿	磷矿	硫铁矿	钼矿	银矿	萤石矿	合计
自然重砂异常图	28	19	14	32		20	6	2		1	122
合　计	28	19	14	32		20	6	2		1	122

第二节　存在问题、建议与展望

一、存在问题

(1)矿产资源潜力评价系列图库与区域地质图空间数据库等其他地学数据库格式、数据库结构及属性代码不统一,给地学数据库的使用带来不便,使数据整合困难。如矿产资源潜力评价系列图库,与按照《空间数据库工作指南 2.0 版》或《1∶5 万区域地质图数据库建设实施细则》建立的区域地质图数据库,数据库结构和属性代码不一致,不利于数据的通用。

(2)矿产资源潜力评价系列图库与后期中国地质调查局下达的 1∶25 万区调和 1∶5 万矿调数字填图、RGMAP 系统建库空间数据库分层方式不一致,不利于数据库的统一管理与使用。

(3)矿产资源潜力评价系统库与其他专业图件系统库不统一,不利于数据库的统一使用。

二、建议与展望

(1)建议制定长期规划方案,建立完整统一通用的图件系统库。

(2)建议开展地学信息整合与应用工作。对已建成的所有地学数据库成果(含数字地质矿产调查成果)进一步统一标准、统一平台,完善地学信息数据模型,开展数据库维护、集成与整合,实现地质基础数据库的现时性和完整性。逐步实现数据动态分析处理与成果输出,使地质数字产品更好地为地质调查主业服务。

(3)加强数据成果的推广应用研究。建议根据矿产资源潜力评价成果数据库的特点,开展成果的推广应用和研究工作;充分利用地理信息技术手段,对现有的集成数据库进行功能开发,建立相关应用服务系统,更有利于数据的维护;通过应用系统能够更充分地发挥成果数据的作用,更好地为今后地质工作提供科学化的服务。

参考文献

左群超,杨东来,陈郑辉,等.矿产资源潜力评价数据模型丛书:成矿规律研究数据模型[M].北京:地质出版社,2011.

左群超,杨东来.矿产资源潜力评价数据模型丛书:通用代码规定[M].北京:地质出版社,2012.

左群超,杨东来,冯艳芳,等.矿产资源潜力评价数据模型丛书:成矿地质背景研究数据模型[M].北京:地质出版社,2011.

左群超,杨东来,冯艳芳,等.矿产资源潜力评价数据模型丛书:数据项下属词规定[M].北京:地质出版社,2012.

左群超,杨东来,黄旭钊,等.矿产资源潜力评价数据模型丛书:磁测资料应用数据模型[M].北京:地质出版社,2011.

左群超,杨东来,李景朝,等.矿产资源潜力评价数据模型丛书:自然重砂资料应用数据模型[M].北京:地质出版社,2013.

左群超,杨东来,吴轩,等.矿产资源潜力评价数据模型丛书:化探资料应用数据模型[M].北京:地质出版社,2011.

左群超,杨东来,于学政,等.矿产资源潜力评价数据模型丛书:磁测资料应用数据模型[M].北京:地质出版社,2011.

左群超,杨东来,张明华,等.矿产资源潜力评价数据模型丛书:重力资料应用数据模型[M].北京:地质出版社,2011.

左群超,杨东来,赵汀,等.矿产资源潜力评价数据模型丛书:矿产预测研究数据模型[M].北京:地质出版社,2011.

主要内部资料

全国矿产资源潜力评价综合信息集成专题组.全国矿产资源潜力评价省级矿产资源潜力评价资料成果图件及属性库复核汇总技术方案(全国矿产资源潜力评价项目办2010年35号文)[R].2010.

全国矿产资源潜力评价综合信息集成专题组.全国矿产资源潜力评价数据模型:编图说明书提纲分册[R].2009.

全国矿产资源潜力评价综合信息集成专题组.全国矿产资源潜力评价数据模型:成矿区带分区代码规定分册[R].2009.

全国矿产资源潜力评价综合信息集成专题组.全国矿产资源潜力评价数据模型:大地构造分区代码规定分册[R].2009.

全国矿产资源潜力评价综合信息集成专题组.全国矿产资源潜力评价数据模型:地理信息分册[R].2009.

全国矿产资源潜力评价综合信息集成专题组.全国矿产资源潜力评价数据模型:空间坐标系统及其参数规定分册[R].2009.

全国矿产资源潜力评价综合信息集成专题组.全国矿产资源潜力评价数据模型:统一图例规定分册[R].2009.

全国矿产资源潜力评价综合信息集成专题组.全国矿产资源潜力评价数据模型:元数据规定分册[R].2009.

全国矿产资源潜力评价综合信息集成专题组.省级矿产资源潜力评价资料性汇总建库实施技术指南[R].2011.

全国矿产资源潜力评价综合信息集成专题组.数据库维护技术要求[R].2006.